Irmtraud Tarr

Trösten – der Seele gut tun

Irmtraud Tarr

Trösten –
der Seele gut tun

KREUZ

MIX
Papier aus verantwor-
tungsvollen Quellen
FSC® C106847

Titel der Originalausgabe: Trost – die Kunst, der Seele gut zu tun
© Verlag Herder GmbH Freiburg im Breisgau 2007
ISBN 978-3-451-29098-5

© KREUZ VERLAG
in der Verlag Herder GmbH, Freiburg im Breisgau 2013
Alle Rechte vorbehalten
www.kreuz-verlag.de

Umschlaggestaltung: agentur IDee
Umschlagmotiv: © shutterstock - Tischenko Irina

Satz: Dtp-Satzservice Peter Huber, Freiburg
Herstellung: fgb · freiburger graphische betriebe
www.fgb.de

Printed in Germany

ISBN 978-3-451-61218-3

Inhalt

Vorwort 9

I. Trösten 13

Wann wir Trost brauchen? 14
Das menschliche Bedürfnis nach Trost 16
Sich anlehnen können 18
Trösten im Alltag 20
Trost kann retten 22

II. Trostspuren 25

Kleine Schritte 27
Die Anfänge des Tröstens 28
Vertrauen wecken 31
Gehirne im Gleichklang 33
Für andere Sorge tragen 36

III. Trösten lernen 39

Zuhören 41
Ausreden lassen 43
Freund oder Freundin sein 44
Gefühle ernst nehmen 46
In die Schuhe des anderen schlüpfen 48
Brücken zum anderen bauen 53
Einfach da sein 56

Ein Satz kann Berge versetzen 58
Dem Mitleid Ausdruck verleihen 60
Wahrhaftiger Trost 64

IV. Gesten des Tröstens 67

Bitte berühren! 69
Trösten ohne Worte 71
Keine Angst vor Tränen 74
Das Leid akzeptieren 76

V. Trostgefährten 79

Freunde sind Anker 81
Die Familie als Tröster 83
Gebraucht werden 87
Der Not Raum geben 90

VI. Sich selbst trösten 79

Sich selbst zum Gefährten werden 99
Seelenwärmer und Schmerzstiller 103
Das innere Zuhause 105
Verabredung mit dem Leben 108
Bitte Glückscocktail ausschütten! 110

VII. Seelentrost 113

Musik – Atemholen der Seele 115
Lesen – Heilstätte der Seele 117
Haustiere – Gefährten der Seele 120
Natur – Weitung der Seele 123

Malerei – Schönheit für die Seele 127
Sinnesfreuden – Glück für die Seele 130
Sinnvolles – Ordnung für die Seele 133
Baden – Beruhigung der Seele 136
Weinen – Befreiung für die Seele 139
Beten – Offenbarung der Seele 140

VIII. Trostrituale 143

Trostgemeinschaften 146
Gute Freunde helfen einander 148
Einander Geborgenheit schenken 150
Trostbesuche 152
Trostlieder 154
Klagemauer 157
Zum Gedicht einladen 158
Trostbücher 161

IX. Persönliche Rituale 163

Sich der Erde zuwenden 165
Lebensbücher 167
Nicht abgeschickte Briefe 169
Tagebuch der trostlosen Stunden 171
Mit Pinsel und Farbe die Seele streicheln 173
Die Seele baumeln lassen 176
Den Überblick behalten 180

X. Trösten als Lebenskunst 183

Literatur 176

Widmung

Zum Andenken an Suse Heller,
die meine Trösterin ein Leben lang war.

Vorwort

„Shit happens". Manche haben öfters damit zu tun, für andere ist es sozusagen ihr täglich Brot, aber ich denke mal, dass jeder weiß, wovon ich rede. „Das Glück ist ja schließlich keine Dauerwurst", meinte Erich Kästner. Mit den Jahren lernt man zwar damit umzugehen, oder sogar damit fertig zu werden. Aber manchmal beutelt einen das Leben mehr als üblich. Da braucht man dann nicht gerade jemanden, der den Charme eines Anrufbeantworters hat, oder einen, der nur so vor Glück strotzt, und einem womöglich noch sagt, man schaue drein wie das Leiden Christi. Man braucht Trost und Ermutigung. Und man braucht Menschen, die sich auf die Kunst verstehen, sich in den anderen hinein zu versetzen und da zu sein.

Ursprünglich war Trost weder etwas bloß Innerliches noch Abstraktes, sondern tatkräftige Hilfe, Beistand, Rettung in der Not. Notleidenden Trost zu geben war früher Aufgabe von öffentlichen Einrichtungen, der Kirche, Gemeinde, Sippe oder Familie. Heute sind an ihre Stelle die professionellen Helfer, die Freunde und Wahlverwandten getreten, deren Motivation mehr auf Gefühl und Freiwilligkeit als auf Pflicht und Loyalität gegründet ist. Auf Trost gibt es keinen Anspruch und kein Anrecht mehr. Gerade dort, wo Menschen auf Beistand angewiesen sind, lässt die moderne Kultur mit ihrer Entritualisierung der Lebensformen die Menschen tendenziell allein. Sobald die rituellen Halterungen fallen, die dem Einzelnen den Rücken stärken, findet sich dieser in einer ungeschützten Beziehung zu dem vor, was ihn überfordert oder überwältigt. Der Sinn von Institutionen lag nicht zuletzt im Geborgenwerden durch ritualisierte Teilhabe, die das Schwächere mit dem Stärkeren verband. Manchmal gibt es noch die familiären Schutzgeister, die ihre Hand hinstrecken und den Trostbedürftigen abholen. Aber es gibt keine Garantie mehr, dass von irgendwo „ein Lichtlein" herkommen möge. Dies mag als Zeichen sozialer Kälte, als degenerative Tendenz gewertet werden. Dennoch liegt in ihr auch eine Aufwertung des Trostes selbst, wenn es Menschen gelingt, „Bündnisse" untereinander zu schließen. Trost, der aus freiwilliger Fürsorge gewährt wird, ist heute mehr denn je reine Herzensangelegenheit und Zeichen emotionaler Nähe. Umso wertvoller ist er, wenn er dann geschenkt wird.

Wie aufrichtend glaubhafter Trost ist, kann man an den eigenen Gefühlen ablesen: man fühlt sich angenommen, beruhigt, gestärkt und wieder begegnungs- und dialogfähig. Trost macht weich, wirkt Härte, Unnachgiebigkeit und Unerbittlichkeit entgegen und trägt dazu bei, Aussöhnung mit dem Schicksal, den Menschen und dem Leben vorzubereiten. Trösten heißt also nicht, das Schwere, das Dunkle, den Abgrund leugnen, sondern die Hände entgegenstrecken und darüber hinweg zu helfen.

Es scheint jedoch, dass die Kunst des Tröstens einer kollektiven Verdrängung zum Opfer gefallen ist. Der Begriff „Trost" taucht in der therapeutischen Literatur so gut wie gar nicht auf und wenn, dann oft in der Verbindung mit Trauer- und Sterbebegleitung. Diese Lücke möchte dieses Buch schließen. Denn ich gehe davon aus, dass im Trost eine überlebenssichernde Logik liegt. Belastende Ereignisse führen zu Stresssymptomen, die – wenn sie länger zur Wirkung kommen – negative Effekte haben. Menschen brauchen tröstende Blicke, Begleitung, Berührung und kommen so wenig ohne Trost aus, wie ein Liebhaber mit sich selbst auskommt.

In unserer Alltagssprache finden sich erstaunlicherweise fast nur negative Begriffe für Trost: trostlos, untröstlich, nicht ganz bei Trost sein, vertrösten. Ich nehme an, dass sich dahinter eine tiefe Sehnsucht verbirgt, dass es doch etwas geben möge, das Trost spendet.

In der Antike – das finde ich bemerkenswert – stand der gespendete Trost und nicht der emotionale Ausdruck von

Trauer oder die kathartische Trauerarbeit im Zentrum. Die Überwindungsarbeit, die zu Ruhe, Selbstberuhigung, Besänftigung und Selbsttröstung führen soll, war wesentlich. „Man soll das Boot nicht dem Sturm überlassen", schrieb Seneca. Diese Haltung der antiken Lebenskunst greife ich auf, wobei ich mir im Klaren bin, dass der zeitliche und kulturelle Rahmen Senecas nicht unser Rahmen heute ist. Mir geht es darum, seine Gedanken für unsere Zeit und unseren Lebenskontext wieder neu zu beleben. Daher handelt dieses Buch von einer Art, sich und andere zu trösten, die mit Übung, Einfühlung, schöpferischer und spielerischer Aktivität, Reflexion und Haltung zu tun hat.

Trost ist ein Lebenselixier. Dennoch wird kaum irgendwo eingeübt und gelernt, wie man tröstet. Ich gehe davon aus, dass man trösten lernen kann und muss. Uns fehlen Rituale, Bräuche und Traditionen, wir wissen heute nicht mehr, wie wir uns in leidvollen, schmerzlichen Situationen verhalten sollen. Wie findet man die richtige Sprache? Den richtigen Ton? Muss man erst selbst in eine leidvolle Situation kommen, um am eigenen Leib zu erfahren, was Trost spendet und was nicht? Wie kann man einander einfühlsam stärken und trösten? Welche Trostquellen und Trostrituale gibt es? Darum geht es.

Guter Trost beruhigt nicht nur, er hilft auch, wieder Vertrauen zum Schicksal, den Menschen und dem Leben zu finden. Es braucht Räume und Rituale für Trost. Deswegen möchte ich auch Wege aufzeigen zu einem Verständnis von Lebenskunst, die für sich und andere eine tröstliche sein kann. Wer die eigenen Trostquellen kennt, kann nicht nur sich selbst über schwierige Zeiten hinweghelfen, er ist auch als Tröster für andere besser gewappnet. In diesem Sinn möchte ich dieses Vorwort beenden, denn jedes Ende ist tröstlich.

I.
Trösten

Wann wir Trost brauchen?

Wann haben Sie das letzte Mal einen Hund – oder den Hund eines Bekannten – liebevoll gekrault oder gestreichelt?

Wann haben Sie das letzte Mal einem alten Menschen eine kleine Freude gemacht, ihm ein Lächeln geschenkt, ihn freundlich berührt?

Wann haben Sie das letzte Mal einen Kranken besucht, ihm die Hand gegeben, die Stirn gekühlt, ihm etwas zu trinken gegeben oder ihn getröstet?

Wann haben Sie das letzte Mal dieses Gefühl des Sommerregens genossen, der auf Ihr Gesicht tropft und Ihre Sorgenfalten glättet?

Wann haben Sie zum letzten Mal einem Fremden zugelächelt und ihm mit Taten oder Worten das Gefühl gegeben, dass er sich heimisch fühlen kann?

Wann haben Sie zum letzten Mal auf einer Wiese auf dem Rücken liegend den stillen Flug der Wolken beobachtet?

Wann hat zum letzten Mal eine Katze auf Ihrem Schoß gelegen und geschnurrt wie ein Maschinchen?

Wann haben Sie zum letzten Mal einen Nachbarn hereingebeten und ihm eine Kleinigkeit angeboten?

Wann haben Sie zum letzten Mal ein weinendes Kind mit Ihrer Stimme beruhigt und wieder aufgeheitert?

Wann haben Sie zum letzten Mal einem enttäuschten oder einsamen Freund einen Liebesdienst erwiesen?

Wann haben Sie zum letzten Mal erlebt, dass Musik Sie berühren konnte?

Wann haben Sie zum letzten Mal den Geruch eines nach einem Regenguss dampfenden Waldbodens eingesogen?

Wann hat Sie zum letzten Mal ein Gedicht oder eine Gedichtzeile wirklich angesprochen?

Was haben diese Fragen in Ihnen ausgelöst? Wie fielen Ihre Antworten aus? Vielleicht haben Sie sich gewundert, dass es bei diesen Fragen auch um Trostquellen der Natur, der Tiere, der Kunst geht. Diejenigen, die erfahren haben, wie wohltuend der Trost von Freunden oder Verwandten ist, wissen auch, wie enttäuschend und bitter es ist, wenn er ausbleibt. Manchmal sind wir auf unseren Wegen allein, deswegen ist es wichtig, dass wir uns auch andere als die mitmenschlichen Quellen des Trostes erschließen. Wer die eigenen Trostquellen kennt, ist besser gewappnet für schwierige Zeiten. Natürlich ist es am schönsten, wenn einem ein anderer Mensch zur Seite steht, aber ein Musikstück, ein Gedicht, ein Bild, ein Baum oder ein Haustier können auch Zuflucht sein und das Vertrauen zurück schenken, dass diese Erde ein freundlicher Ort sein kann.

Das menschliche Bedürfnis nach Trost

Erinnern Sie sich an eine Situation, als jemand Ihren Beistand brauchte? Jemand, der vielleicht eine schwere Zeit, eine Krankheit, Scheidung oder Verlust durchlebte. Früher oder später kommt jeder in die Situation, wo er gebraucht wird. Man fragt sich: Was sage ich, wenn ich nicht weiß, was ich sagen soll? Was soll ich tun? Wie kann ich trösten?

Oder wenn man selbst betroffen ist: Wie und wo finde ich die nötige Unterstützung? Wie kann ich Hilfe annehmen? Welche Art Unterstützung brauche ich?

Obwohl jeder solche Situationen kennt und vielleicht auch am eigenen Leib erlebt hat, wie bergend, bewahrend und sogar lebensrettend Trost sein kann, ist die positive Bedeutung des Begriffs „Trost" heute weitgehend abhanden gekommen. Für viele klingt er altmodisch oder altertümlich. Man denkt vielleicht an Kirchensprache, Trostsprüche, Trauerfeiern. Oder man verniedlicht und bagatellisiert ihn, weil man Kinder vor Augen hat, die von ihren Eltern vertröstet werden. Man denkt an süße Vertröstungen, billigen Trost, niedliche Trostpreise, Trostpflaster, Trösterchen oder an das suspekte Vertröstetwerden auf den sprichwörtlichen Sankt-Nimmerleins-Tag.

Auch wenn es aus der Mode gekommen ist, so ist es dennoch ein schönes, warmes Wort. Allein im Klang des Wortes kann man sich getrost niederlassen. Man fühlt sich aufgehoben und geborgen, weil man daran erinnert wird, dass die Dinge vielleicht wieder in Fluss und Ordnung kommen können.

Darf man so etwas heute überhaupt noch sagen? Ist der Verdacht falscher oder oberflächlicher Vertröstungen schon so verfestigt, dass Menschen vom Trösten nichts mehr wissen wollen? Verfestigt die Beschäftigung mit diesem Thema nicht womöglich die vorhandene Abwehr? Dem widerspricht der boomende Markt von Tröstungssurrogaten. Man denke nur an die unzähligen Angebote spiritueller, meditativer oder körperlicher Praktiken auf dem „Markt der Spiritualität". Die Sehnsucht nach Trost und die Klage um seinen Verlust sind nach wie vor ungebrochen aktuell. Dennoch haben alle Menschen irgendwann Trost erlebt, er gehört zum gemeinschaftlichen Leben und Überleben. Einerseits. Andererseits kommt der moderne Mensch zunehmend autark durchs Leben, markiert sein Revier mit der Homepage im Internet, stillt seinen Hunger nach Austausch im „chat-room" und tröstet sich über sein Alleinsein mit stundenlangen Internetausflügen.

Ganz ohne Trost geht es also nicht, das Verlangen nach „Fellpflege" ist dem Menschen, wie vielen unserer tierischen Verwandten, angeboren. Und sind es nicht Freunde, Familie, Kollegen, kann Musik zum Trost werden, Bücher, Tiere, Natur oder die eigene Seele. Menschen sind trostbedürftig, weil sie auf ihren Wegen Beistand, Schutz und Halt brauchen. Und weil sie auf Quellen angewiesen sind, die ihnen versichern, dass sie nicht allein sind. Nur ganz arme Seelen werden sich fragen: Weshalb sollte ich mich trösten lassen, ich bin ohnehin untröstbar?

Wenn man vom Trösten spricht, wird man schnell feststellen, dass jeder irgendwie weiß, was Trost ist. Trost ist ein Alltagsbegriff. Sich selbst und anderen Trost spenden, ist ein mitmenschlicher Wert, der zwar nicht alltäglich gelebt wird, aber als erstrebenswert gilt, sofern man ihn nicht für unmodern oder ein bisschen überflüssig hält.

So einfach ist es aber nicht. Trost kennt viele Facetten, Chancen, Fallen und Gefahren. Trost ist eigentlich kein „Begriff", weil er etwas ist, das man nicht restlos begreifen kann. Trost erfährt, erlebt oder schenkt man. Trost lässt sich weder befehlen noch erzwingen. Und wer meint, Trost sei etwas, das sich auswendig lernen ließe, der muss sich eines Besseren belehren lassen. Trost geschieht, wenn Menschen bereit sind, sich füreinander zu öffnen, teilzunehmen am Schicksal anderer und tatkräftig beizustehen, weil sie begriffen haben, dass sie einander brauchen. Denn: Allein ist man klein.

Sich anlehnen können

Schaut man, woher der Begriff stammt, so kommt man der Gefühlsqualität, die hinter dem Wort „Trost" steckt, leichter auf die Spur. Er kommt aus dem nordischen Wortstamm ‚traust', der mit dem englischen Wort ‚tree' zu tun hat – also ‚Baum'. Dahinter steckt die indogermanische Wurzel ‚deru', ‚dreu', was ‚Kernholz' bedeutet. Daraus entwickelten sich Bedeutungen wie ‚trust', trauen, Vertrauen, Treue, Festigkeit, Zuversicht. Lauter Begriffe im Meer der Worte, die vermitteln, dass da etwas ist, an das man sich wie an einen Baum halten kann.

Die Metapher vom Baum führt unmittelbar zur Bedeutung von Trost: Trost ist Beistand und Unterstützung in Worten, Gesten und Berührungen, die menschliches Leid, Hilflosigkeit, Not, Belastung und Trauer lindern sollen. Wenn das Leben schwer ist, suchen Menschen Trost. Sie können nicht leben ohne diese Gabe. Trost ist aber nicht der Alkohol, die Droge, das Schlafmittel oder die Betäubungsspritze. Sie alle betäuben nur und stürzen in eine noch schwärzere Nacht der Trostlosigkeit. Echter Trost ist wie ein Baum, an den man sich lehnen kann, der beruhigt, stärkt und wieder aufatmen lässt und an das Leben glauben lässt.

Menschen benutzen verschiedene Bilder, um Trost zu beschreiben: „Wie eine sanfte Salbe auf einer tiefen Wunde", „Wie eine Oase in einer endlosen Wüste", „Wie eine sanfte Hand in meiner Hand, die mich ruhig werden lässt", „Wie ein liebes Gesicht, das mich anschaut". Roter Faden dieser Trostbilder ist das Geschenk des Friedens, der Ruhe, der Aufrichtung, der Ermutigung, oder wie es eine Frau treffend beschrieb: „Ein Stern in der Dunkelheit der Seele."

Trösten kann beides sein: den anderen durch Anteilnahme und Zuspruch aufrichten, oder aber direkt durch meine Person Trost für den anderen sein. Schließlich kann man sich auch selbst trösten, indem man sich Ersatz für eine verlorene

Sache oder eine verlorene Person sucht, oder sich selbst beruhigt und ins seelische Gleichgewicht bringt.

Die Grenzlinie zwischen echtem Trösten und bloßem Vertrösten ist nicht einfach zu ziehen. Manchmal kann auch ein zeitweiliges Vertrösten durch eine schlimme Krise hindurchtragen. Und manche harten Fakten brauchen mitunter einen „Dimmerschalter" oder eine vertröstende Pufferzone, um verkraftbar zu werden. Kurzum: Vertrösten muss nicht immer billig oder flach sein. Wenn eine Mutter sich besonders liebevoll um ihre kleine Tochter kümmert und ihr einen Teddy schenkt, weil der Vater nicht mehr zurückkehrt, oder wenn sie Krankheitszeiten überbrückt mit Zaubergeschichten. Ist da nicht schon viel erreicht? Gibt es denn einen besseren Weg, ein Kind zu Bett zu bringen, als es zu trösten: „Morgen wird alles wieder gut"? Es kommt darauf an, die Kleinen zu trösten, ihnen ein besseres Lebensgefühl zu vermitteln und ihre Phantasie in Gang zu halten.

Mir scheint, dass sich der Unterschied zwischen echtem Trost und bloßer Vertröstung nicht eindeutig abgrenzen lässt. Entscheidend ist die subjektive Wirkung. Was empfinde ich in dieser Situation? Fühle ich mich getröstet, umsorgt, geborgen? Bin ich gemeint? Werde ich gesehen? Geht es mir besser, fühle ich mich erleichtert nach dieser Begegnung? Von der subjektiven Beantwortung dieser Fragen hängt es ab, ob jemand eine Begegnung als tröstende empfindet.

Trösten im Alltag

Auf diese Frage bekomme ich meist verlegene oder unklare Reaktionen. Viele können sich nicht oder nur undeutlich daran erinnern, oder wehren verlegen ab. Liegt es daran, dass diese Frage zu intim ist? Oder existiert ein Mangel an gegenseitigem Trösten? Ist die sogenannte Trost-losigkeit Zeichen unserer Zeit? Gerade weil Erfahrungen von Leid, Verlust, Schmerz, Scheitern uns alle betreffen, müsste das Trösten eigentlich selbstverständlich und notwendig zum Alltag gehören.

Gibt es einen Wunsch in uns, der tiefer sitzt, ein Bedürfnis, welches uns mehr verbindet, eine Hoffnung, die wir behutsamer und ausdauernder pflegen, als die nach Trost? Und doch versagen Menschen sich dieses Lebenselixier. Statt sich vom Freund, Nachbarn oder von der Familie Begleitung und Beistand zu erwarten, wendet man sich an professionelle Helfer, Therapeuten oder Berater. Nicht im Wohnzimmer oder beim Spaziergang, sondern in der eigens dafür bestimmten Praxis oder Sprechstunde. Nicht als selbstverständliche, alltägliche Hilfestellung im Nahraum, sondern abgeschottet in dafür vorgesehenen fernen Trostorten wie Kliniken, Praxen, Beratungszentren, zu festgelegten Zeiten oder in speziellen Gruppen.

Tatsächlich ist Trost in unserer Gesellschaft wie ein Kind, das dreimal in den Brunnen gefallen ist: vom Nächsten zur professionellen Ersatznähe, vom Alltag zur Sprechstunde, vom Verfügbaren zum Abgeschiedenen.

Leiderfahrungen werden eher zum Anlass, sich zurückzuziehen, Trauer geschieht im Privaten, die Zahl der anonymen Beerdigungen ohne Trauerfeier und ohne Grabstein – vor allem in Großstädten – steigt ständig an. Fast täglich können wir in der Zeitung lesen: „Von Beileidsbezeugungen bitten wir höflichst abzusehen", „Die Abdankungsfeier fand in aller Stille statt". Die Botschaft: „Keine Besuche bitte", „Wir

sind im Moment nicht zu sprechen". Die Beispiele von Trost-
losigkeiten ließen sich endlos fortsetzen. Sie haben alle eines
gemeinsam: Leid, Verlust, Schmerz sind heute zur persönlichen Angelegenheit von Individuen geworden, die Abstand
signalisieren, sich abwenden oder nach innen flüchten, die
Macher des eigenen Lebens und Schicksals sind.

Wir befinden uns in einer Situation, in der aber auch die
Einsicht wächst, dass wir für den Zusammenhalt und die
Zugehörigkeit das Miteinander und Beieinander brauchen,
besonders in schweren Zeiten des Niedergeschlagenseins,
der Einsamkeit und der Krise. Wenn wir von jemandem
sagen, dass er „nicht bei Troste" ist, so drücken wir letztlich
damit aus, dass er nicht getröstet, dass er von den anderen
im Stich gelassen wurde. Es geht also darum, dass wir wieder lernen und üben, einander nicht im Stich zu lassen, dass
wir einander vermitteln: „Du gehörst dazu, du bist Teil dieser Welt. Wir sind da." Diese Zusage bewahrt uns vor dem
Nomadenstatus, dem Alleinsein in einer kalten Welt ohne
Trost. Nähe, die wir sehen, hören, spüren, riechen, die uns
entgegenschreitet, uns anblickt, sagt uns ja immer unüberhörbar, dass wir weniger allein sind, dass wir tiefer in dieses
Leben eingebunden sind, dass wir gemeinsam fühlen und
denken.

Trost kann retten

Was bedeutet Trösten? Warum sind wir es einander schuldig? Weil wir im tiefsten Herzen spüren: Wir brauchen einander. Ob wir jung oder alt sind, ob wir uns als schwach oder stark sehen, ob wir zu den Verlierern oder Gewinnern gehören, ob wir viele Freunde haben oder Einzelgänger sind, ob uns das Schicksal gebeutelt hat oder gemütlich voranschwimmen ließ: Nirgends lässt es sich leben ohne dieses tröstliche: „Es wird wieder gut werden."

Vom Anfang an ist unser Leben immer dies: Bedürfnis nach Trost. Der Schrei der Verlassenheit, den das Baby ausstößt, trägt es in die Arme der Mutter, die es fühlen lehrt, was Trost ist. Das vor Schmerz brüllende Kind in den Armen des Vaters beruhigt sich, weil es gestreichelt wird. Ohne diese wärmenden Gesten aus Lauschen, Halten, Streicheln, Beruhigen kann kein Vertrauen zum Leben wachsen. „Es gibt etwas, das mich hält", heißt das Echo auf die bergende Zuwendung der Eltern, wenn wir es in Worte übersetzen. Und die Eltern leben mit dem beglückenden Echo: „Wir sind not-wendig. Gut, dass wir da sind."

So fühlen auch Verliebte und Liebende, die einander bestätigen: „Gut, dass du da bist. So wie du bist, bist du für mich not-wendig." Wir alle tragen in unserem Herzen die Sehnsucht nach Gehalten- und Getragensein. Wir möchten uns aufeinander verlassen, um nicht verlassen zu sein. Jeder will das. Und jeder hofft, dass der andere ein Zeichen gibt: Du kannst dich auf mich verlassen!

Was geschieht im Trösten? Was ist der Kern, die Substanz dieses lebensnotwendigen Geschenks? Das Wort „Geschenk" besagt: Trost lässt sich nicht erzwingen. Das wäre ein Widerspruch in sich. Trost schenken oder spenden wir einander. Trost ist ein freiwilliges Geschenk, das wir einander geben, weil Schwach und Stark einander brauchen. In Leid und Schmerz einander Beistand leisten, begleiten, beieinander sein, zur Seite stehen, Zuwendung, Zuspruch, Beruhigung oder Unterstützung geben, das sind Umschreibungen dessen, was wir Trösten nennen. Trösten heißt also nicht, den Abgrund leugnen, sondern die Hand über die Kluft reichen und darüber hinweg helfen.

Faszinierend ist es, was Trost vermag, wie belastbar die Menschen werden, die sich auf guten Trost verlassen können. Menschen, die nichts und niemand zu Fall bringt, weil sie wissen, es gibt liebevolle Augen, helfende Hände, lindernde Gesten, tröstende Worte. „Im Grunde hilft nur ein anderer Mensch", so der treffende Titel eines Vortrags von Eugen Drewermann. Wir wissen, die beste Medizin ist ein anderer Mensch. Wir sind sicher: Auch der andere wünscht sich Trost – von Menschen. Deshalb bemühen wir uns, einander beizustehen. Eigennutz und Geschenk treffen hier harmonisch zusammen. Die Tugend der Einfühlung – sich in die Haut des Anderen versetzen können – ist einer der Eckpfeiler des Trostes.

Trost lässt sich nicht kalkulieren, er kommt zustande, wenn wir uns auf den Platz des Anderen denken, wenn wir seinen Schmerz fühlen und auf ihn reagieren. Er hat dieselben Bedürfnisse wie ich auch! Das ist der Ruf der Empathie, der bis ins Herz dringt. Und weil es um die Einfühlung von Herz zu Herz geht, hat Trost so viele Gesichter, wie es Trostsituationen gibt. Zwischen Liebenden, Freunden und Kollegen, zwischen Eltern und Kindern: Wer trostbedürftig ist, braucht den anderen, der mitfühlt und von seiner Stärke und Sicherheit etwas abgeben kann. Trost rettet. Er ist „lebensnotwendend" als Kraftquelle, als Halt, wo nichts mehr hält, als Linderung von Angst und Chaos. Wenn man wissen will, was Trost wert ist, so braucht man sich nur vorzustellen, man ist verlassen worden oder gescheitert – da ist niemand, mit dem man sein Leid teilen kann – und am eigenen Leib erleben, wie der Boden unter den Füßen wegbricht.

II.
Trostspuren

Die meisten wollen nicht ein buntes Spaßland, wo Überfluss und Übermut herrschen. Sie wollen dorthin, wo „alle Tränen getrocknet werden", wie es so schön in der Bibel heißt. Nicht allein sein, nicht verlassen werden, nicht misstrauen müssen, nicht im Stich gelassen werden, in der Gewissheit und der Hoffnung leben: Es gibt Linderung, Halt, Schutz und Bewahrung, die uns immer begleiten und zwar in doppeltem Sinn: Trost geben und getröstet werden. Einander nicht im Stich lassen und nicht im Stich gelassen werden, sich fallen lassen und gehalten werden, ohne Angst, ohne Kontrolle und ohne Misstrauen. Geborgen werden und Geborgenheit mit vollen Händen verteilen – das wäre der Traum vom guten Leben.

Kleine Schritte

Wir können das Land des Trostes mit einem ersten Schritt betreten. Vielleicht ahnen wir, dass es die kleinen Schritte sind, die keinen „Nutzen" bringen, die einen großen Unterschied machen. Einen Schwerkranken besuchen, seine Hand halten und ihn mit der Stimme beruhigen. Ihm für eine Weile Wärme und Aufgehobensein schenken. Was wir dafür zurückbekommen, ist weder materiell noch merkantil. Es ist ein menschliches Gut, das uns nicht reicher, sondern besser macht. Trost bessert. Trost stärkt wie jede andere Tugend unseren Glauben daran, dass diese Erde ein warmer Ort sein kann, dass wir aufeinander angewiesen sind, dass es zigfach zurückkommt, wenn wir unsere wichtigsten Gaben weggeben: Zeit, Zuwendung, Zärtlichkeit, Zuspruch, Zuversicht.

Wer es nicht glaubt, sollte einen Tag in einer Großstadt verbringen; überall fremde, blicklose Gesichter, die an uns vorbeihasten und durch uns hindurchschauen, und da plötzlich an einer Ecke: eine Frau, die einer anderen über das Haar streichelt und ihr die Tränen wegwischt. Wer nicht wegschaut, der spürt es – ein warmes Gefühl, Trost in der Fremde. Wir wissen plötzlich wieder: Allein der Anblick dieser tröstenden Geste lässt den eigenen Raum wieder weit werden. Es gibt Berührung – auch in der Fremde. Vielleicht begreifen wir dann, dass Menschen verloren wären, wenn sie niemanden hätten, der sie tröstet.

Die Anfänge des Tröstens

Trost, das begreifen wir Schritt für Schritt, ist ein Grundnahrungsmittel für die Seele. Unsere Trostgeschichte beginnt mit der Geburt und in den ersten Lebensmonaten werden die Weichen gestellt, wie ein Kind sich in dieser Welt zu Hause und geborgen fühlt. Ob die Eltern feinspürig streicheln oder angespannt sind, ob sie mit warmer, weicher Stimme besänftigen oder mit hoher, gehetzter Stimme sprechen: das Kind registriert, übrigens lange bevor ihm die Eltern so viel Aufnahmefähigkeit zutrauen, die Pendelschläge zwischen Geborgenheits- und Unsicherheitsgefühlen, zwischen Behagen und Enttäuschung, zwischen Vertrauen und Unberechenbarkeit, zwischen Getröstetwerden oder einfach Vertröstetwerden.

Kinder merken, ob sie mechanisch oder liebevoll getröstet werden. Sie spüren die Atmosphäre, nehmen die Schwingungen wahr, die von den Stimmen und den Körpern ihrer Bezugspersonen ausgehen. Sie spüren, ob sie gemeint sind. Und sie registrieren in ihren Gefühlsprotokollen, wenn die Zuwendung hektisch, unberechenbar und unzuverlässig ist.

Kinder können sich noch nicht selbst trösten. Von den ersten Lebenstagen an sind sie auf eine einfühlsame Mitwelt angewiesen. Sie haben keine Wahl: Wo sie aufwachsen, kämpfen sie mit ihren wenigen Mitteln – ihrem Weinen, Lächeln oder Schreien – um Nähe und Schutz. Ihr weiches Babygehirn zeichnet die Erlebnisspuren auf, die ihm versichern: „Du bist nicht allein. Du bist gemeint. Da ist jemand für dich da." Aus diesen frühen Spuren, wenn sie zuverlässig waren, speist sich das spätere Lebensgefühl – die Gewissheit, mit dem Beistand und dem Schutz der Umwelt rechnen zu dürfen. Und das heißt auch: Selbstgewissheit, Selbstvertrauen und das Gefühl zu entwickeln, dem Leben gewachsen zu sein.

Es sind diese ersten Spuren im Leben des Kindes, die sein Vertrauen in das Aufgehobensein in dieser Welt stärken oder schwächen. Es sind die Eltern und Geschwister, mit denen es seine ersten Jahre verbringt, die ihm die Fähigkeit vermitteln, Trost einzuladen, anzunehmen, zu schenken und weiter zu geben an andere: Verwandte, Freunde, Gruppen, Bekannte.

Streicheln, gutes Zureden, die Hand halten, in den Armen wiegen – diese elementaren Gesten können Kinder so hingebungsvoll auskosten, dass Erwachsene nur staunen können über den fliegenden Übergang vom Schreien zum zufriedenen Glucksen. Kinder können sich fallen lassen, wenn die Eltern ihre Arme ausbreiten. Sie weinen, wenn sie sagen wollen: Halte mich! Sie suchen das Echo in den Gesichtern ihrer Nächsten. Sie kennen die Gefühlsmelodien, die den anderen einladen: Komm zu mir!

Man braucht nur Kinder zu beobachten und gleichzeitig in die eigene Kindheit zurückgehen und sich in das Bild eines tränenüberströmten, noch von abgrundtiefem Kummer gezeichneten Kindergesichts zu versenken, das plötzlich wieder froh aufstrahlt. Oder sich vorstellen, wie die Kleine, die von ihrem Vater gerade getadelt wurde, mit all ihrer Demütigung und ihrem Schmerz auf die Mutter zurennt und sich ihr in die Arme wirft. Was will ich damit ausdrücken? Kinder kommen immer wieder zu ihren Eltern zurück, um sich ihre unentbehrliche Seelennahrung zu holen. Sie spüren vielleicht schon intuitiv: Sich diese bei anderen zu holen, wird schwieriger. Schwieriger jedenfalls als der Versuch, die Eltern doch noch umzustimmen. Warum suchen sie immer wieder Trost bei ihren Eltern? Weil diese Beziehung einzigartig und durch keine noch so gute andere zu ersetzen ist.

Kinder können nur wenig sagen über ihre Verlust-, Schmerz- und Trauererfahrungen. Ihnen fehlen die Worte und sie wissen nicht genau, was mit ihnen los ist, wenn solche Gefühle sie überwältigen. Sie wissen aber schon bald, ob sie sich auf ihre Nächsten verlassen können. Ein Kind, das bei Enttäuschung und Trauer immer wieder ungehört bleibt, versucht schon bald nicht mehr, Trost bei den Eltern zu finden. Es hört auf zu klagen, wird zurückgezogener, kühler, und zeigt Reaktionen, die von den Eltern als „vernünftig" eingestuft werden. Tatsächlich hat das Kind aber seine stärkste Sehnsucht, die nach Geborgenheit und Trost, aufgegeben. Oder es wird schwierig für die Eltern, die nicht begreifen, weshalb ihr Kind plötzlich nicht mehr allein schlafen will oder ständig Beachtung erzwingt. Es scheint tatsächlich so etwas wie eine Bilanz zu geben: Wer frühe Geborgenheit, Nähe und Trost verweigert, kann zum Opfer eines um „Nachnährung" kämpfenden Kindes werden.

Fehlt der nötige seelische Boden, so hat dies auch Folgen für neue Beziehungen: Sie werden vorsichtiger angegangen, und es wird mit jeder Begegnung die Hoffnung wach, endlich die ersehnte Verlässlichkeit zu finden. Solche Erwartungen machen enttäuschungsanfällig. Gelingt es, die Spuren der alten Erfahrungen durch neue positive, tragende zu überschreiben, so kann eine neue Gefühlsmelodie entstehen: „Ich bin jemand. Ich werde gehört. Ich bin geborgen." Es kann ein Lehrer oder ein Nachbar sein, der dem Kind im Vorbeigehen die Hand auf die Schulter legt und das lebenswichtige Gefühl vermittelt: „Du bist nicht allein. Es gibt Trost für dich, wenn du traurig oder enttäuscht bist." Das ist seelische Kraftnahrung, aus der jedes Kind die Sicherheit holt, dem Leben gewachsen zu sein.

Vertrauen wecken

So oder ähnlich fragen Kinder, wenn sie ihre ersten Erfahrungen mit Verlust, Schmerz oder Krankheit machen. Sie laufen zu ihrer Mutter, wenn es weh tut. Sie wissen, dass die Mutter den Schmerz nicht wegmachen kann, aber ihnen geht es vor allem um eines: Sie wollen sich nicht allein fühlen, wenn sie Schmerzen haben und leiden.

Wie reagieren wir auf Kinder, wenn sie Trost brauchen? Dürfen wir unsere eigenen Gefühle zeigen? Oder zugeben, dass wir uns sorgen, bangen oder Angst haben? Wie antworten wir, wenn wir auf ihre Fragen keine Antworten wissen?

Voraussetzung, dass Erwachsene ihre Kinder seelisch stärken, sind kontinuierliche Gespräche, die über das Übliche hinausgehen. Und dass Eltern sich um ein tieferes Einfühlen in ihre Kinder bemühen, so dass die Kinder immer wieder erleben, was es heißt, sich anzuvertrauen. Wichtig ist, dass Kinder klare Antworten bekommen, wenn Probleme oder Fragen in ihnen auftauchen. Ich staune immer wieder, wie Kinder gerade so viel fragen, wie sie momentan verkraften können. Man muss eigentlich nur ihre Fragen ernst nehmen, darauf eingehen und sich von ihnen leiten lassen. Kinder zeigen durch ihre Art zu fragen, wie groß ihr Verstehenshorizont ist. Meist wollen sie nicht alle Details und Zusammenhänge wissen, oder was in der Zukunft geschehen könnte oder was geplant ist. Es macht keinen Sinn, ihnen Probleme aufzudrängen, mit denen sie sich innerlich noch nicht beschäftigen. Deswegen kann man sich als Faustregel für Kinder merken: Nur so viel Information geben, wie sie im Moment benötigen. Nicht mehr und nicht weniger. Sie geben das Tempo durch ihre Fragen an, und das ist in der Regel langsamer als bei Erwachsenen.

Kinder haben ein Recht zu wissen, was ihre Eltern bewegt. Sie spüren es ohnehin, weil sie einen untrüglichen Sinn für Atmosphären, Stimmungen und Haltungen haben. Selbst wenn die Eltern behaupten: „Es ist alles in Ordnung", oder „Es ist nichts", Kinder haben feine Antennen, sie spüren die elterliche Energie und haben ein Gespür für Unterdrücktes oder Unstimmiges.

„Wird er wieder gesund?" fragte Laura, ein siebenjähriges Mädchen, nachdem ihr Hund plötzlich nichts mehr fraß und nur noch apathisch in seiner Ecke lag. Die Mutter sagte die Wahrheit: „Ich weiß es nicht." Beide konnten sich daraufhin ihre Ängste eingestehen und ausdrücken, wie lieb sie den Hund hatten. Sie konnten einander in die Arme nehmen und lange halten, und sie konnten sich gegenseitig trösten. Die Mutter versprach ihr, dass sie dafür sorgen würde, dass Laura sich von ihrem Hund verabschieden kann, falls er seine Krankheit nicht überleben würde. Sie wusste, dass es wichtig ist, sich zu verabschieden, damit Laura den Tod als real begreifen und den Verlust betrauern kann. Es gibt genügend Beispiele „eingefrorener Trauer", die belegen, wie wichtig es ist, sich verabschieden zu dürfen.

Wenn Eltern ihre eigenen Gefühle offenbaren, geben sie dem Kind die Sicherheit, dass auch seine Gefühle sein dürfen. Sie vermitteln ihm: Du darfst merken. Du darfst fühlen. Du kannst deiner Wahrnehmung trauen. Wenn Eltern ihre Gefühle verstecken oder verleugnen, bringen sie ihre Kinder dazu, es ebenfalls zu tun, was dazu beiträgt, dass Teile des kindlichen Erlebens sprachlos und den Eltern verschlossen bleiben. Wenn sie sagen: „Wird schon wieder gut!", nur um sich gegen die Fragen des Kindes abzuschirmen, oder weil sie ihre eigenen Gefühle abwehren, so kann sich das Kind nicht hervorwagen. Hingegen wächst seine Ichstärke und sein Selbstvertrauen, wenn es merkt, dass Sagen und Tun, Fühlen und Ausdrücken, Versprechen und Einhalten zusammengehören. Und die wichtigste Beobachtung, wie Eltern ihren Kindern Vertrauen beibringen, lässt sich auf einen Punkt bringen: Kinder reagieren viel stärker darauf, wie ihre Eltern sind, als darauf, was die Eltern sagen.

Gehirne im Gleichklang

Tatsächlich kann die Hirnforschung heute belegen, dass die Fähigkeit, auf die Gefühle anderer einzugehen, in unseren Gehirnen verankert ist. Untersucht man Mütter mit einem Kernspintomographen, während sie Bilder ihrer Kinder anschauen, sieht man, dass bei ihnen je nach Stimmung des Kindes der Energiebedarf in ganz bestimmten, miteinander verbundenen Hirnregionen zunimmt. Sie sind in der Lage, die Stimmung anhand der Gesichtsausdrücke ihrer Kinder abzulesen. Weitere Experimente an der Universität Montreal haben die enge Beziehung von Mitgefühl und Schmerz belegt. Mütter schauten Videos, bei denen ihre eigenen oder fremde Kinder die Hände in heißes Wasser tauchten. Auf die Frage, wie schlimm sie die Schmerzen ihrer Kinder eingeschätzt hatten, zeigte sich, dass die Mütter umso mehr von eigenen Schmerzen berichteten, je größer das vermutete Leid des eigenen Kindes war.

Aus ähnlichen Versuchen stammen Hirnstromkurven, die nahe legen, dass unser Mitgefühl wie ein Spiegelbild funktioniert. Sowohl bei schmerzhaften wie auch bei glücklichen Ereignissen werden im Gehirn jeweils bestimmte Nervenschaltkreise aktiv. Dabei macht es keinen Unterschied, ob man diese Ergebnisse in Zusammenhang mit sich selbst erlebt, oder ob man das Geschick eines Mitmenschen beobachtet, dem man sich verbunden fühlt.

Romantik auf der Leinwand: Sie sehen Leonardo DiCaprio und Kate Winslet mit ausgestreckten Armen am Bug der Titanic stehen. Der Fahrtwind bläst ihnen ins Gesicht und Sie selbst meinen, die frische Meeresbrise zu spüren. Momente später hat sich der Luxusdampfer in einen Ort des Schreckens verwandelt. Die Passagiere versuchen sich verzweifelt zu retten, und auch Ihnen rast das Herz, Ihr Atem stockt und Sie sind zur Flucht bereit. Die Ursache für dieses Wechselbad der Gefühle liegt im Gehirn in speziellen Zellen – den sogenannten Spiegelneuronen –, die uns vorgaukeln, die Szenen auf der Leinwand tatsächlich zu erleben. Sie reagieren beim Beobachten von Verhaltensweisen ebenso, als würde man diese selbst ausführen.

Durch das Miterleben von emotionalen Zuständen anderer werden in uns selbst Mitbetroffenheit, Mitgefühl und Mitleid aufgerufen, die zum Handeln motivieren. Not ruft nach Hilfe, Leid nach Linderung, Trauer nach Trost, Angst nach Schutz, Bedrohung nach Beistand. Gefühle stecken an, und diese Wechselseitigkeit der Affekte und Affekthandlungen ist fest in uns verankert. Sie gehört zu unserer und anderer höherer Primaten Grundausstattung und hat eine klare überlebenssichernde Funktion. Beispringen bei Bedrohung kann vor Lebensgefahr schützen, Halten bei Schmerz, Beruhigung bei Aufgewühltsein, Trost bei Kummer und Trauer.

Wenn ein Kind weint oder schreit, so ist dies nicht nur Ausdruck von Schmerz, es soll auch spontanes Trösten auslösen. Dementsprechend reagiert die Mutter spontan: Sie will ihr Kind beruhigen und wieder in einen Zustand ausgeglichener Reguliertheit bringen, weil sie intuitiv weiß, zeitausgedehnter Stress ist schädlich für ihr Kind.

Tatsächlich kann die Hirnforschung uns heute die Spuren von zeitextendierten Stresssituationen in den PET-Bildern* zeigen. Da zeichnen sich Narben in der Region des Hippocampus ab – dort, wo die Erinnerung an frühe Wunden gespeichert wurde –, die bei jedem neuen Bindungsversuch Schmerzen und Ängste wachrufen.

Verlässlicher Trost und Beruhigung hingegen führen zu einer Ausschüttung von Bindungshormonen, wie beispielsweise Oxytocin. Nicht nur die Bindung wird gefestigt, auch auf der leiblichen Ebene kommt es zu Entspannungsreaktionen. Entsprechend der mütterlichen Beruhigungslaute in tiefer Stimmlage entspannt sich auch das Kind. Solche Dialoge in Gefühlen und Lauten ausgetauscht, in denen sich Mutter und Kind synchronisieren, gab es von Anfang an. Nicht nur das Kind, auch die tröstende Mutter wird ruhiger, entspannter und zufriedener, wenn es ihr gelingt, sich nicht aus der Ruhe bringen zu lassen. Diese wechselseitige Abstimmung, die in ihrer leiblichen Verankerung durch Berührungen, Zuspruch, Beruhigungslaute zu unserer Grundausstattung gehört, ist also von Anfang an Teil unserer „Fellpflege". Die Erfahrung des Leids, der Traurigkeit und der Einsamkeit eröffnet einen besonderen Zugang zum anderen, der als Leidender so wie ich selbst erkannt wird. Dass das Mitempfinden zu unserer Ausstattung gehört, ist unbestritten. Es bleibt aber nach wie vor die Frage: Kann man trösten lernen oder gar üben wie eine Fremdsprache oder einen Muskel? Dieser Frage nähere ich mich zunächst einmal von Seiten der Ethik her.

---

* PET= Positronen-Emissions-Tomographie

Für andere Sorge tragen

Von Albert Schweitzer stammt der schöne Satz: „Du darfst dich als Mensch ausgeben". Was heißt das? Ich verbinde mit diesem Satz die Aufforderung, für andere erreichbar und berührbar zu sein. Oder wie die Medizinethik des Hippokrates nahe legt, „sich aus fremden Leiden eigene Sorgen zu bereiten". Was bedeutet es, sich um einen anderen Menschen zu sorgen, für ihn Sorge zu tragen?

Das Wort „Sorge" ist doppelgesichtig: einerseits die Sorge, der Kummer oder der Gram, den jemand hat. Andererseits die Sorge, die ich mir bereite angesichts der Not eines anderen. Dies tue ich schließlich sorgfältig, sorgsam, fürsorglich. Damit nicht genug, den Kummer, den jemand hat, mache ich zu meinem Kummer, indem ich mich um den anderen kümmere. Ich übersetze mir diesen Zusammenhang so: Der andere, dessen Not ich wahrnehme, ist in sich selbst Frage, Anfrage und Anspruch an mich. Mache ich seine Sorge zur gemeinsamen Sorge – und zwar sorgfältig, sorgsam mit Achtung vor der unaussprechlichen Würde des anderen –, gerate ich in eine nahe Beziehung zu ihm, die zugleich eine Beziehung zu mir selbst ist. Ich sorge MICH um dich, ich kümmere MICH um dich. Indem ich mich um einen anderen sorge, mache ich mich erreichbar und achte ihn in seiner Andersartigkeit. So übersetze ich Albert Schweitzers „Du darfst dich als Mensch ausgeben".

Diese Überlegungen zeigen, dass unser Mitgefühl mit anderen nicht auf dem denkenden Ich beruht, wie Descartes glaubte, und auch nicht auf der Dynamik der Triebe, wie Freud dachte. Sie wurzelt darin, dass wir aufeinander angewiesen sind und miteinander in Beziehung stehen. Wenn mir um des guten Lebens willen andere Menschen am Herzen liegen, dann möchte ich, dass Abhilfe geschaffen und Besserung erreicht wird. Letztlich läuft es darauf hinaus, etwas „ausrichten" oder „lindern" zu wollen. Für einen anderen Sorge zu tragen heißt: mit ihm sein, mit ihm teilen, mit ihm leiden, mit ihm fühlen: Mitmensch sein.

Wie können wir unsere Mitmenschlichkeit so ausdrücken, dass sie eine tröstliche wird? Hier komme ich auf die Sprache des Herzens. Sie hat ihren Ursprung darin, dass wir im anderen ein Wesen sehen, das wie wir selbst Freude und Leid empfindet. Nicht empirische Daten, sondern die Vertrautheit mit dem eigenen Erleben, das seinen Sitz im Herzen hat, ermöglicht Mitleid, Mitgefühl, Trost und Fürsorge. Mit dem Du-sagen begreife ich, dass der andere wie ich ist. Der Mensch, so formuliert Martin Buber, wird erst am Du zum Ich. Auf dieser Beziehung beruht der Wert eines anderen Menschen, die Achtung, die man ihm schuldet.

Irgendwann stößt man auf die Frage: Was motiviert mich, einen anderen zu trösten? Hilfreiche Antworten finde ich in alten Quellen bei Demokrit: „Man muss nach Kräften helfen und nicht ruhig zusehen", und auch bei Marc Aurel: „Menschen Gutes tun und sie aushalten". Diese Einstellung könnte ein Wegweiser sein. Zumindest stärkt sie unsere Haltung mehr als der modische Begriff vom Helfersyndrom.

III.
Trösten lernen

Gibt es Bedingungen, die gelingenden Trost ermöglichen oder zumindest erleichtern? Trösten geschieht von Angesicht zu Angesicht – ähnlich wie die Liebe – und lässt sich nicht in pauschalen Antworten einfangen. Trösten ist wie Lieben. Man kann es nicht auswendig lernen, und Bücher lesen allein reicht auch nicht. Es gibt nämlich beides: die nicht lernbaren, spontanen, impulsiven Erfahrungen und die benennbaren, lernbaren Bedingungen, unter denen Trost möglich ist. Allerdings nicht im Sinn von Rezepten oder Ratschlägen. Es geht eben nicht um technische Antworten auf „Reparaturbedarf", sondern um die empfindlichsten Zonen menschlicher Erfahrung mit dem Leben. Wer optimale Bedingungen schaffen will, findet in den folgenden Abschnitten Wegweiser, die den Kontakt zum anderen sicherer machen.

Zuhören

Der erste Wegweiser: „Nichts geht ohne Zuhören". Er durchwirkt jede Trostsituation. Zuhören ist weit mehr als ruhig sein oder nicht selbst zu reden. Zuhören heißt Da-Sein, wahrnehmen, was der andere sagt und was er nicht sagt, und was er damit meint. Zuhören heißt nicht Fragen stellen und Geschichten erzählen. Zuhören heißt miteinander sein, und die inneren Antennen auf Empfang stellen. Man kann mit den Augen, den Ohren, den Händen und vor allem dem Herzen hören, ohne gleich alles wissen zu müssen. Einfach den anderen in sich hineinlassen mit allen Sinnen und vor allem mit dem, was Kopf und Bauch verbindet: dem Herz.

Dazu gehört auch, dass man die inneren Dialoge und Kommentare für eine Zeitlang unterbricht und ausblendet. Das ist leichter gesagt als getan. Die alten Muster stehen dagegen: Was sage ich jetzt? Wie reagiere ich? Was will ich erreichen? Ein zurückstrahlendes Gespräch – die Kunst, aus den Gedanken heraus zu reagieren, die vom anderen auf uns zukommen, und nicht aus den Reaktionen des eigenen Inneren; das erfordert intensive Präsenz und wirkliches Interesse am Gegenüber.

Achtsamkeit ist der Schlüssel zum wirklichen Zuhören. Schon im Wort selbst steckt „auf etwas achten", das heißt, es behüten, beschützen und wertschätzen. Wenn wir achtsam zuhören, dann achten wir, was der andere ausdrückt. Wir manipulieren und analysieren nicht. Es gibt einen Unterschied zwischen aufmerksam und achtsam zuhören. Beim aufmerksamen Zuhören konzentrieren wir uns auf die Sachen, Inhalte, Gedanken. Wenn wir achtsam zuhören, können wir Neues entdecken.

Sie können es selbst erfahren, wenn Sie diesen Text weiter lesen, aber dabei auf Ihren Atem achten. Und nun auch auf die Bewegung Ihrer Augen, auf Ihre Sitzhaltung, auf Ihre

Stimmung. Auch können Sie das Schriftbild klar wahrnehmen und dennoch den Sinn des Gelesenen verstehen.

Was sollte dieser kleine Ausflug? Wahrscheinlich bemerken Sie, dass Sie Ihre Achtsamkeit normalerweise einschränken, viel mehr als es erforderlich ist. Vielleicht haben Sie bemerkt, dass man seine Achtsamkeit wecken kann – ganz schlicht durch Achtsamkeit. Beim Zuhören, gerade in schwierigen Situationen, lohnt es sich, daran zu denken, dass wir alle über diese geheimnisvolle, alltägliche Gabe verfügen.

Achtsames Zuhören in diesem Sinn ist ein offenes Zuhören. Es braucht die Seelenqualitäten der Unvoreingenommenheit und Positivität – Offenheit für das Neue und Wertschätzung des Entstehenden, mag es auch noch so ungeschickt daher kommen. Es stellt keine Bedingungen. Gerade dies ist aber die Bedingung für jedes gelingende Trostgespräch.

Ausreden lassen

Der zweite Wegweiser: Zum achtsamen Zuhören gehört vor allem eines: ausreden lassen und Pausen machen. „Sag mir, was dir auf dem Herzen liegt, ich werde dir zuhören, solange du es brauchst." So ungeduldig wir sein mögen, es gilt der Satz: Trost braucht Zeit. Er ist nicht unter Zeitdruck oder als überrumpelnde Inszenierung möglich. Wie heilsam der Aspekt Zeit ist, zeigt sich bei gelingenden Gesprächen, bei denen keiner auf Effizienz oder Eile drängt, oder verstohlen auf die Uhr blickt. Man bleibt zusammen, selbst wenn alles gesagt ist. Das größte Geschenk für einen zu Tröstenden: Man schenke ihm ein Stück eigener Lebenszeit. Damit verwandt: Man lässt ihn ausreden und gönnt ihm immer wieder Atempausen.

Vor allem wenn man etwas nicht gleich versteht, ist das ein Hinweis, innezuhalten und abzuwarten, statt zu drängen oder schnelle Antworten zu erwarten. Um die eigene Ohnmacht abzuwehren, neigen wir dazu, den Anderen möglichst schnell aus seiner Lage befreien zu wollen. Wir sagen oder tun Dinge, die wir für hilfreich halten, weil wir das Leid des Gegenübers schlecht ertragen oder möglichst rasch abwenden wollen. Diesen automatischen Rettungsimpuls gilt es zu verlangsamen, denn Trost lebt geradezu vom Gespür für das „timing" des anderen. Innehalten, pausieren trägt dazu bei, dass wir unsere übereilten Urteile zurücknehmen und aufhören, vorschnell zu reagieren. Und es erlaubt das Wichtigste: neugierig zu sein. Die Haltung der Neugier im Sinne von: „Da schaue ich mal näher hin" macht offen, wach und einfühlsam. Wir spüren eher, wann die Zeit reif ist, dass sich Türen öffnen können, und wir entwickeln einen Sinn für verschlüsselte Untertöne oder verborgene Nebentöne.

Es lohnt sich innezuhalten, weil wir so viel empfänglicher werden für die feinen Signale des anderen. Wir spüren eher, wann der andere Unterstützung braucht und erhalten Zugang zu seinen unausgesprochenen Bedürfnissen.

Freund oder Freundin sein

Der dritte Wegweiser: Freund oder Freundin sein und nicht Therapeut sein wollen. Was ist der Unterschied? Ein Therapeut behandelt, pflegt, begleitet, dient dem Besten im Anderen, wie es das griechische Wort „therapein" nahe legt. Ein Freund zeigt sich und seine Gefühle. Er wird persönlich. Um in einem Bild zu sprechen: Zwischen Freunden berühren sich die Fingerspitzen, während die Handflächen einen bergenden, offenen Raum bilden wie ein kleines Zelt. Es ist ein aus Zuneigung oder Liebe geschaffener Raum. Ein Freund drückt aus, dass er sich um einen sorgt, er hört zu, schenkt einen verständnisvollen Blick und klopft auch einmal auf die Schulter.

Die Worte, die ein Freund sagt, sind nicht so entscheidend. Viel wichtiger ist es, dass er einfach da ist.

Oft ist der beste Trost, dass man einem Menschen in Not einfach sagt, wie viel er einem bedeutet, wie sehr man für ihn hofft oder um ihn sorgt. Trösten heißt nicht, dem anderen sein Leid abzunehmen, oder ihn zu therapieren. Es geht darum, ihm einen Spielraum aus Zeit, Zuwendung und Achtsamkeit zu eröffnen, in dem er sich selbst finden kann. Jeder hat das Recht, seine eigenen Antworten zu finden, sich selbst ein Urteil zu bilden, seinen eigenen Schmerz zu erleben – in seiner Zeit. Ein heilsames Gespräch respektiert den Schmerz des Anderen, gibt ihm die Möglichkeit, ihn zu fühlen, ohne ihn wegreden oder wegmachen zu wollen. Häufig verwende ich dafür ein Bild: Ein Notleidender sitzt in einem Abgrund. Es hilft ihm nicht, wenn man zu ihm heruntersteigt, weil man dann selbst mit im Abgrund sitzt. Aber man kann ihm ein Seil herunterlassen, an dem er sich selbst hochziehen kann. Wir können nicht an die Stelle des anderen treten, aber wir können ihm eine Hand reichen – als Freund. So empfand es ein Kollege: „Ich bin überzeugt, dass wir für die wenigen Male, die wir das Leben anderer berühren, dankbar sein müssen. Was gibt es denn sonst noch auf der Welt als Beziehungen zu anderen Menschen? Ich meine wirkliche Beziehungen, Zuneigung, Verständnis und Freundschaft, die einem Trost geben."

Gefühle ernst nehmen

Der vierte Wegweiser: „Kopf hoch", „Wein' doch nicht", „Denk doch an etwas Schönes". All diese Ratschläge haben eines gemeinsam: Sie wollen die Gefühle des anderen verändern. Auch hier gilt: Jeder hat ein Recht auf seine Gefühle. Gefühle sind Tatsachen. Ob sie uns gefallen oder nicht, sie sind so zu respektieren wie sie nun einmal sind. Sie brauchen kein Urteil und keine Bewertung. Es gibt weder richtige noch falsche, weder berechtigte noch unberechtigte Gefühle. Gefühle sind einfach da und als solche ernst zu nehmen. Es ist nicht unsere Sache, einem anderen zu sagen, was oder wie er fühlen soll.

Menschen, die Schweres durchmachen, sind überfordert mit Angeboten wie: „Ruf' mich an, wenn du mich brauchst", „Sag' mir, wenn ich etwas für dich tun kann". Oft wissen die Betroffenen selbst nicht, was ihnen gut tun würde oder welche Art von Unterstützung sie brauchen. Sie empfinden es sogar als zusätzliche Last, sich an andere zu wenden. Deswegen ist diese Art der Einfühlung nicht hilfreich. Es kann sogar sein, dass sich der andere im Stich gelassen fühlt. Es ist sinnvoller, selbst die Initiative zu ergreifen und sich zu überlegen, wie man dem anderen ohne Aufforderung am besten zur Seite stehen könnte.

Meist sind es diese kleinen Dinge, um die der Betroffene eben nicht bittet, die als tröstend empfunden werden – der spontane Spaziergang, die Essenseinladung, das Musikstück, der selbst gepflückte Blumenstrauß, die Kerzen, das passende Buch.

Überlegen Sie, in welchem Bereich Ihre Stärken und Gaben liegen und bieten Sie konkrete Hilfe an, wie beispielsweise die Kinder hüten, Essen kochen, Transportdienste übernehmen, aufräumen helfen. Es ist nicht entscheidend, was man tut, sondern dass man sich angesprochen fühlt: Hier bin ich dran! Hier bin ich gefordert!

Eine Frau, die an Psoriasis (eine Hauterkrankung) litt, beschrieb ihre Erfahrung: „Als ich in einer schweren Hautkrise war und nicht einmal mehr die Kraft hatte, mich selbst einzucremen, kam meine Freundin und cremte mich ein. Nicht nur diese Berührung, sondern vor allem, dass sie so natürlich und selbstverständlich meine schuppige Haut massierte und sich nicht einmal ekelte, sagte mir mehr als tausend Worte. Ich wusste, dass ich auch in schweren Hautkrisen nicht allein gelassen werde."

So harmlos die einzelnen Punkte daherkommen: Sie repräsentieren die anspruchsvolle Aufgabe und das Risiko, das wir eingehen, wenn wir uns um Verständnis und Trost füreinander bemühen. Der rote Faden, der alle diese Wegweiser durchzieht, ist das Gefühl beim anderen: „Ich bin gesehen und gehört worden". Das braucht Zeit, Geduld, Zuwendung und Achtsamkeit. Entscheidend ist die Intensität und die Achtsamkeit der Hörhaltung, das Sich-berühren-lassen, mit dem ich mich dem anderen aussetze. Wenn dies geschieht, kommt es zu diesen unvergesslichen Herz-zu-Herz-Erfahrungen, bei denen Geben und Nehmen eins sind. An sie erinnert man sich ein Leben lang.

In die Schuhe des anderen schlüpfen

Der fünfte Wegweiser: Es gibt eine Volksweisheit, die besagt: „Gib anderen, was du selbst gern hättest". Bedeutet das, dass wir andere genauso trösten sollten, wie wir es selbst gern hätten? Ist man beispielsweise jemand, der viel Berührung braucht, so gibt man sie auch an andere Leidende weiter. Das wäre doch die natürliche Schlussfolgerung – oder? Sie ist zwar naheliegend, aber sie übersieht, dass die Trostbedürfnisse von Mensch zu Mensch sehr unterschiedlich sind. Was einen selbst tröstet, muss also für andere keineswegs hilfreich sein.

Die Vorstellungen, die Menschen mit Trost verbinden, variieren von Mensch zu Mensch, so dass man nur schwer von sich auf andere schließen kann. Dabei denke ich an einen frisch verheirateten Mann, der seine Frau immer dann, wenn sie traurig war, sich selbst überließ. Er selbst wollte mit schwierigen Gefühlen am liebsten allein gelassen werden, also folgerte er, dass seine Frau das Gleiche wünschte. Sie fühlte sich im Stich gelassen und begann ernstlich an seinen Gefühlen für sie zu zweifeln. Nach endlosen Gesprächen fanden sie schließlich heraus, dass seine Reaktion mit dem frühen Tod seiner Mutter zusammenhing, als er vom Mitleid seiner Dorfgemeinschaft geradezu überwältigt wurde. Damals entschied er: „Nie wieder möchte ich dieses Gefühl ,Du armes Kerlchen!' erleben."

Wie wir als Erwachsene Trost erleben, hängt also eng mit der eigenen „Trostgeschichte" zusammen. Die erfahrenen Resonanzen sind es, die unseren eigenen Umgang damit bestimmen. Wenn nun verschiedene Geschichten aufeinander prallen, so kann es zu Missverständnissen kommen, wie es im obigen Beispiel des Ehepaares beschrieben wurde. Weitere ließen sich hier aufzählen, wie beispielsweise das oft falsch verstandene: „Melde dich, wenn du mich brauchst" – weil der andere sich nicht aufdrängen will, mit der Folge, dass der

Betroffene sich zurückzieht, weil er sich im Stich gelassen fühlt. Bis hin zum tatkräftigen Einsatz, der mit einem schnöden „Ich möchte lieber in Ruhe gelassen werden" quittiert wird.

Wir begeben uns hier in schwieriges Gelände. Vor allem, wenn wir bedenken, wie leicht uns der Satz von den Lippen geht: „Ich verstehe dich", und wie vielschichtig der Prozess ist, der wirklicher Einfühlung zugrunde liegt. Wie könnte es gelingen, diesen Missverständnissen Verständnis entgegenzusetzen? Es gibt Menschen, denen es leicht fällt, ihren Schalter nach Bedarf anzuknipsen: Ich höre dir zu, ich weine mit dir, ich bemitleide dich. Aber ist dieses Verhalten schon Einfühlung? Wird hier nicht Mitleid mit der umfassenderen Gabe Einfühlung verwechselt? Einfühlung ist mehr als spontanes Mitfühlen, das uns zu Tränen rührt angesichts der Misere eines Freundes. Es geht über dieses gefühlsbetonte Sympathisieren hinaus. Es ist eine Kunst, sich in andere einzufühlen. Man braucht dazu Phantasie und – Seele.

Einfühlung kann nicht das Produkt eines schnellen „Aha" sein. Sie erfordert eine besondere Haltung des Hinspürens und Mitdenkens, die es ermöglicht, in die engen oder weiten Schuhe eines anderen zu schlüpfen. Selbst wenn man eine vergleichbare Situation erlebte, kann man letztlich nicht wissen, wie der andere sie empfindet. Bei aller Nähe begegnen sich immer zwei Fremde, die bei bestem Willen ihr Inneres nur beschränkt mitteilen können und wollen.

Aber man kann sich dem anderen zuwenden, „in seiner Spur gehen", wie es der Philosoph Emmanuel Lévinas ausdrückte, im Wissen um die Grenzen der Nähe. Je respektvoller sie akzeptiert werden, desto wahrscheinlicher stellt sich Nähe ein.

Eine ältere Frau drückt dies als Wunsch aus: „Wenn es mir schlecht geht, wünsche ich mir den anderen als jemanden, der mir unendlich lang zuhört, bis ich durch mein Sprechen selbst darauf komme, was mir fehlt und was ich zu tun habe."

Wann können wir wirklich sagen: „Ich verstehe dich?" Was einer denkt, kann ich vielleicht an seinen Worten erkennen – falls er sich offen äußert. Aber was er fühlt? Wie verstehe ich Empfindungen, die keiner von uns beiden in Worte fassen kann?

Dafür gibt es Erklärungen. Eine aufsehenerregende Entdeckung der Neurobiologie in den 90er Jahren hat in den „Spiegelneuronen" einen Schlüssel für das Verständnis von Empathie gefunden. Spiegelneuronen sind Nervenzellen, die bei Wahrnehmung eines Affektzustandes eines Mitmenschen die gleichen Potentiale im eigenen Gehirn auslösen. Sie versetzen den Beobachter in dieselben „mentalen Schuhe" wie den Beobachteten und produzieren einen ähnlichen Gefühlszustand. Wir sind also ausgestattet, die Gefühle eines anderen zu „lesen".

Dieses „Gedanken- und Gefühlelesen", das uns befähigt, am Leben anderer teilzuhaben, wird in den ersten Lebensjahren ausgebildet. Kinder, die sich „im Glanz der Augen" ihrer Eltern wiedererkennen, erleben Qualitäten des Einverständnisses, die der Sprache nicht bedürfen. Im wechselseitigen Anschauen, einander Erkennen, bilden sie ihre Gefühlswelt aus. Die Sprache der Blicke, die vermitteln „Ich verstehe, wie du dich fühlst" ist die Grundlage der wichtigsten zwischenmenschlichen Erfahrungen, bis hin zu den Blickdialogen in der Begleitung Sterbender.

Wenn wir einfühlsam sind, dann absorbieren wir aber nicht nur passiv die Gefühle des anderen. Empathie ist Seelenarbeit, denn sie fragt: Was bedeutet dein Gefühl? Wie gehe ich mit dem Blick in deine Seele um? Sie erschöpft sich nicht im gefühligen Zerfließen. Schon allein aus praktischen Gründen: Wenn uns, als Zeugen eines Unfalls, übel wird, können wir keine „Erste Hilfe" mehr leisten. Einfühlung bedarf einer bestimmten Distanz, um einen Sinn für die Würde des Daseins des anderen zu entwickeln. Ohne diesen Sinn bleibt jede Einfühlung flach. Vergleichbar ist er mit dem Sinn, der aus Ölfarbe Kunst und aus Tönen Musik macht. Dieser Sinn, der uns zu einfühlsamen Wesen macht, ist in uns angelegt. Man kann ihn ausbilden, wie man Geschmack bilden kann. Nur gehört eben mehr dazu als das Einüben von Formen und Regeln. Es geht darum, dass man seine inneren Antennen auf Empfang stellt. Und das braucht eine bestimmte Art von Konzentration, die Simone Weil als „wache Aufmerksamkeit" beschrieben hat. Sie meint die Aufmerksamkeit auf die Realität des anderen, die zu lernen ist. Diese Aufmerksamkeit ist eine Kraft, die sich nicht von Vorurteilen, Stereotypen verleiten lässt, sondern zulässt, dass wir leer werden und bereit sind, das, was der andere mit der Sprache seines Körpers, seiner Bewegungen und Worte ausdrückt, wahrzunehmen, ohne vorschnell einzugreifen, zu unterbrechen oder Ratschläge aufzudrängen. Das bedeutet auch, sich zurückzunehmen und auf eigene Offenbarungen zu verzichten. So verführerisch es sein mag, zu sagen: „Das kenne ich auch" oder „Ich habe auch schon so was durchgemacht", einfühlsam ist es nicht. Jeder will seine Geschichten als einzigartig respektiert wissen, deshalb behindert dieses „Ich auch" das Einfühlen.

Das Einfühlungsvermögen hat seinen Sitz im Herzen, das wir füreinander haben. Es führt über Anstandsregeln hinaus, die, wenn sie in der Förmlichkeit stecken bleiben, schnell abgerichtet und seelentod wirken. Das Herz ist unser Sinn für das andere Fühlen. Der Verstand kann mit den anderen Gefühlen so wenig anfangen wie mit den eigenen. Was da ist, wenn zwei Menschen mehr erkennen als das, was das äußere Verhalten des Augenblicks freigibt, ist mit den Kategorien des Denkens allein nicht zu fassen. Sie erwecken höchstens den Eindruck: „Er hat sicher recht, aber er versteht mich nicht." Dass das Herz seine Gründe hat, die der Verstand nicht versteht, heißt, dass unsere Einfühlung für den anderen weiter geht, als rational nachvollziehbar ist. Dieser Blick mit dem Herzen ist es, der uns über den eigenen Schatten springen lässt. Dass man so zuhört, wie Momo in Michael Endes Kinderbuch, dass „... dummen Leuten plötzlich sehr gescheite Gedanken kommen ... dass rastlose und unentschlossene Leute auf einmal ganz genau wissen, was sie wollen. Oder dass Schüchterne sich plötzlich frei und mutig fühlen." So konnte Momo sich einfühlen, weil sie mit dem Herzen gehört hat. Und – weil sie hören wollte!

Meist geschieht es nicht einfach und mühelos. Man muss sich entscheiden, verstehen zu wollen. Das Herz hat am rechten Fleck, wer sich das andere Ergehen entschieden etwas angehen lässt. Das beste aus der Begegnung mit anderen macht nur, wer sich das andere Leid, seine Geschichte und sein Erfahrungswissen etwas angehen lässt. Je mehr man sich im Herzen berühren lässt, desto mehr gelingt ein tieferes Verständnis des Gewordenseins des anderen, ein Wissen über seine gegenwärtigen Umstände und führt zum Wunsch, die Begegnungserfahrung in die Zukunft ausdehnen zu können. Es ist die Weitung des Herzens, die bewirkt, dass wir einander finden, abholen und trösten können.

Brücken zum anderen bauen

Der sechste Wegweiser: Wie geht es dir? So fragen wir immer wieder. Meist denken wir nicht viel dabei. Eine harmlose Floskel, die eigentlich nur dazu dient, ein Gespräch zu eröffnen. Oft erwartet man nicht einmal mehr, dass der andere hinhört, weil man immer wieder erlebt hat, dass er ohnehin nichts Genaueres wissen will. Für Menschen in schwierigen Lebenslagen kann sie schmerzhaft und schwer zu beantworten sein. Kann ich wirklich sagen, wie es mir geht? Ist der andere damit nicht überfordert? Ist er die richtige Adresse für mein Weh? Oder sollte ich die Frage einfach übergehen? Ausweichen? Oder eine Pseudoantwort liefern?

Die Frage „Wie geht es dir?" ist derart offen und umfassend, dass sie einen belasteten Menschen anstrengen und überfordern kann. Was es bedeutet, sich mit dieser unschuldigen Frage auseinanderzusetzen, kann man am besten nachempfinden, wenn man sich in die Situation eines Menschen versetzt, der eine bedrohliche Diagnose, eine Kündigung oder einen Verlust erlitten hat. Was kann man, was will man, was würde man sagen? Und vor allem, wenn man dazu noch bedenkt, wie leichtfertig Menschen oft mit schwergewichtigen Wahrheiten ihrer Mitmenschen umgehen. Ein Mann, dessen Haus fast restlos abgebrannt war, berichtete über seine Erfahrungen: „Ich weiß ja, dass sie es gut meinen, aber es tut einfach weh, wenn man immer wieder mit ungebetenen Ratschlägen bombardiert wird, oder erlebt, wie die Leute einfach nicht richtig zuhören und bloß darauf warten, meine Geschichte als Aufhänger zu benutzen, um ihre eigenen ‚Heimspiele' anzubringen." Oder eine Frau, die gerade gekündigt wurde: „Am schlimmsten war diese Frage: ‚Geht's gut?' weil ich mich dadurch genötigt fühlte, alles schön zu färben. Was die Leute mir sagen wollten, war immer das Gleiche: ‚Mach bloß keine Probleme!' Wie kann man sich da trauen, eine ehrliche Antwort zu geben?"

Heißt das nun, dass man auf die übliche Frage verzichten soll? Ich schlage vor, sie für die Betroffenen zu portionieren und verdaulicher zu machen, indem man sie differenziert und in verdaulichen Happen stellt. Das könnte bedeuten, nach dem Hier und Jetzt zu fragen: Was bewegt dich gerade? Was könntest du im Moment gebrauchen? Magst du ein paar Schritte mit mir gehen? Einen Spaziergang mit mir machen? Wonach steht dir der Sinn? Wie hast du den Vormittag verbracht? Was könnte dir heute ein wenig Entlastung verschaffen?

Menschen in schwierigen Lebenslagen schätzen es, wenn man sie entlastet und bei überschaubaren Details ansetzt. Lieber kleine Momentaufnahmen als das große Bild. Sich lieber indirekt, umspielend annähern, wie es das Wort Um-gang ja auch nahe legt. Und vor allem – sich wirklich für ihn interessieren.

Es gibt keinen Bereich, der nicht als Anknüpfungspunkt geeignet wäre, um eine Brücke zum anderen zu bauen. Selbst wenn man nur ein hilfloses Schulterzucken, Tränen oder ein Seufzen erhält, es lohnt sich, sanft nachzusetzen. Das Gegenüber spürt, ob man wirklich engagiert ist. Ob das nun eine Berührung, eine Umarmung oder ein warmer Händedruck ist: Entscheidend ist die Wärme, die man dem anderen schenkt, die ihm vermittelt: Du bist in meinen Gedanken. Ich fühle mich dir nahe. Ich würde dir gern den Rücken stärken, dich unterstützen und halten.

Steht man einander nahe, so fällt es leichter, sich zu öffnen und mitzuteilen, was einen wirklich bewegt. Man traut und mutet sich und dem anderen mehr zu, aber man macht sich auch schutzloser und verletzlicher. Auch hier gilt zu berücksichtigen, dass es einen Respekt vor der unüberbrückbaren Fremdheit und Würde des anderen gibt, auch wenn man sich sehr nahe steht. Mit anderen, die einem nicht so nahe stehen, ist es oft leichter, einfach da zu sein und einfühlsam zuzuhören. Man ist vorsichtiger, unvoreingenommener und unbelasteter. Man weiß weniger um den anderen und hört deshalb aufmerksamer zu.

Je mehr einem die Komplexität des „Wie-geht-es-dir?" bewusst wird, desto eher wird man spezifische Fragen wählen. Damit meine ich Fragen nach der Lebensgestaltung, der Arbeit, der Familie, die dem anderen zu verstehen geben, dass man nicht nur an seinem Leid, sondern an seinem ganzen Leben interessiert ist. Vielleicht ist dann die Frage „Wie geht es dir?" gar nicht mehr nötig, weil der andere sie durch seine Ausführungen ohnehin schon beantwortet hat.

Einfach da sein

Der siebte Wegweiser: Wenn jemand nach einem schweren Ereignis sagt: „Es war furchtbar, aber ich komme schon klar", und Sie spüren, dass es nicht stimmig ist, dann kann es hilfreich sein, wenn Sie über Ihre eigenen Gefühle sprechen. „Wenn ich in deiner Lage wäre, würde ich mich ziemlich verwirrt/verzweifelt/verunsichert fühlen." Diese Reaktionen geben dem anderen zu verstehen, dass man nicht geschont werden möchte. Auch negative Gefühle wie Trauer, Verzweiflung oder Wut dürfen ausgedrückt werden. Wichtig ist, dass man dem anderen zeigt, dass man bereit ist, alles anzunehmen, was er fühlt, auch wenn es schmerzhaft oder schockierend ist.

Auch wenn man nicht Berater oder Therapeut ist, bleibt doch einiges, was man als Nächster tun kann, um den anderen in seiner Not abzuholen. Meist genügt es, einfach zuzuhören und ihm zu vermitteln, dass man seine Gefühle annimmt und ernst nimmt. Allein die Tatsache, dass man bedingungslos für ihn da ist, ist hilfreich. Oft braucht er nur einen Resonanzraum, der ihm erlaubt, immer wieder zu erzählen, was ihm widerfahren ist, um für sich selbst Erklärungen und Deutungen zu finden. Es geht meist nicht um Lösungen oder Ratschläge, sondern um einen Raum für Fragen, für ein Sich-Auseinandersetzen und Umkreisen von Problemen. Wir können nicht die Probleme anderer Menschen lösen, aber wir können ihren Schmerz lindern. Und das bedeutet: helfen und stützen, aber nicht die Führung oder Kontrolle übernehmen.

Es ist nicht unsere Aufgabe, jemandem zu raten, was er tun oder lassen soll, oder ihm zu erklären, was er gerade durchmacht. Viel ist schon gewonnen, wenn der andere an einem Gedanken hängenbleibt oder über Widersprüchliches nachdenkt. Deswegen sind Sätze wie: „Wenn ich du wäre, würde ich ...", „An deiner Stelle würde ich ...", nicht hilfreich, weil wir nicht der andere sind. Stattdessen könnten wir anregen, „Hast du schon einmal daran gedacht ...?" oder „Gäbe es andere Möglichkeiten ...?" oder „Wenn du es einmal von der Seite her betrachten würdest ...?" Es öffnet den Gesprächsraum, wenn wir dazu anregen, dass eine Sache mehr Facetten erhält, und dass man andere Sichtweisen probeweise zulassen kann.

Das Standardbeispiel für die richtige Einstellung ist die Geschichte mit dem Glas Wasser, das der Optimist für halb voll, der Pessimist für halb leer erklärt. Dieser Daueroptimismus ist für den Leidenden nicht sehr tröstlich. Er hat eher etwas Deprimierendes an sich. Erstens besteht die Welt nicht aus lauter halb vollen Gläsern. Zweitens brauchen wir ein gesundes Maß Skepsis und die Fähigkeit, mehrdeutig, zwiespältig, widersprüchlich wahrzunehmen. Natürlich kann man mit ein bisschen Geduld und gutem Willen positiv denken lernen, aber es gibt kein Recht, es einem anderen zu verordnen.

Eine hilfreiche Frage wäre: „Was ist das Schlimmste oder das Schwierigste für dich?" Sie führt dazu, dass der andere sich konzentriert und sich seinem zentralen Schmerz annähert. Diese Frage führt in den Kern, den tiefsten Punkt des Schmerzes. Nur von dort kann man sich abstoßen und wieder nach oben steigen. Dort liegen die Ansatzpunkte für Klärung und Neubeginn. Die Gedanken ordnen sich um ein Zentrum, statt in verschiedene Richtungen abzudriften. „Am schlimmsten ist für mich, dass ich derart ignorant und gutgläubig war", meinte eine Frau, die Opfer eines Betrugs geworden war. Diese Einsicht war der Beginn eines neuen Weges, der ihr die Augen öffnete und ihr zeigte, dass sie ihrer Gabe des Vertrauens vieles verdankte, aber auch kräftig „Kriegskosten" bezahlen musste. Ihre Einsicht äußerte sie: „Ich werde weiter vertrauen, weil ich mit chronischem Misstrauen weit schlechter leben würde als mit der Tatsache, dass ich hin und wieder ‚ein blaues Auge' riskiere." Sie hatte begriffen: Der Schaden aus Wohlwollen ist erheblich geringer als der aus permanentem Misstrauen.

Ein Satz kann Berge versetzen

Der achte Wegweiser: Genauso wie Hunde oder Katzen spüren, mit welcher seelischen Energie wir ihnen begegnen, können auch Menschen spüren, mit welchen Gefühlen wir ihnen gegenübertreten. Vielleicht haben Sie schon einmal selbst gedacht: „Von diesem Menschen geht etwas Warmes aus", „In seiner Nähe fühle ich mich einfach wohl", „Sie hat Herzenswärme", oder „Bei ihr fühle ich mich aufgehoben".

Eine Frau, die eine schwere Lebenskrise durchmachte, erzählt: „Es waren diese täglichen kleinen ‚Betthupferl', die mich am Leben hielten. Jeden Abend dieses Klingeln meiner Faxmaschine. Diese täglichen kleinen Botschaften: ‚Ich weiß, du hast es schwer zur Zeit. Ich bin bei dir. Geh' weiter. Es wird wieder Licht kommen. Du bist nicht allein.' Ohne sie hätte ich in dieser schweren Zeit die Orientierung verloren."

Es müssen nicht große Taten oder ausführliche Briefe sein. Allein die Sicherheit „Da ist jemand" reicht, dass man sich weniger verloren fühlt. Wenn man nicht mehr weiter weiß, nur noch Tag für Tag überlebt, das Ende eines Tunnels sich nicht einmal mehr vorstellen kann, dann braucht man einen Kompass, der einem Orientierung gibt und daran erinnert, dass man seinen Leidensweg nicht allein geht. Manchmal braucht man ihn täglich, um sich immer wieder neu aufzurichten. Wenn Nahestehende Schweres durchmachen, ist das Beste, das wir tun können: einfach da sein und den anderen begleiten. Und zwar nicht nur ein Mal, sondern immer wieder. Es geht nicht so sehr um die Worte, die man austauscht, sondern um die seelische Energie, die hinter den Worten steckt. Es braucht auch keine Lösungsvorschläge, sondern einfach und schlicht: Ermutigung. „Da gab es einen Freund, den ich abends immer anrufen konnte, wenn die Einsamkeit am unerträglichsten wurde", erzählte ein Mann, der seine Frau durch einen Badeunfall verloren hatte. Natürlich haben diese Gespräche seinen Schmerz nicht beseitigt, aber er wuss-te immerhin, wohin er sich wenden konnte, um die Hilfe zu bekommen, die er brauchte. Meistens geht es auch nicht pri-mär um den Schmerz, sondern um die bohrende Einsamkeit. Man braucht Menschen um sich, die vermitteln, dass sie an einen glauben. Menschen, die einem die Kraft zutrauen, aus Abgründen wieder aufzusteigen, die die Geduld aufbringen, einen dort zu orten, wo man sich befindet, ohne vorschnell einzugreifen.

Solche Zeichen der Verbundenheit heilen nicht schlag-artig, aber sie verbreiten ein Stück Menschlichkeit und Wär-me. Unser emotionales Gehirn entwickelt sich dabei, weil es Vertrauen gewinnt in die Fähigkeit, sich mit anderen zu ver-binden und von ihnen „reguliert" zu werden – so wie es das braucht. Dieses Vertrauen ist heilsam. Manchmal ist es nur ein Satz, der heilt. Manchmal ist das genug.

Dem Mitleid Ausdruck verleihen

Der neunte Wegweiser: „Ich habe einen Mitleidsreflex," sagte eine Frau, „immer wenn jemand niedergeschlagen ist, kommen diese gelernten Floskeln völlig unbedacht aus mir, obwohl ich sie hasse – und selbst auch nicht hören wollte. Ich fühle mich so hilflos." Immerhin ahnt sie, dass es andere Wege der Einfühlung geben könnte. Innehalten, bevor wir zu automatischen Mitleidsfloskeln greifen, wäre ein erster Schritt. Selbst wenn es bedeuten würde, das wir erst einmal eine Denkpause einlegen oder zögern, so würde der andere doch unseren aufrichtigen Wunsch spüren, dass wir uns bemühen, eigene Worte zu finden, mit dem Herzen zu reagieren, statt mit irgendwelchen Klischees. Auch wenn es unsicher, unbeholfen klingen würde, wäre es doch einfühlsamer als irgendwelche abgedroschenen Sprüche oder Floskeln.

Viele Menschen wissen einfach nicht, wie sie sich angesichts des Leids anderer verhalten sollen. Sätze wie: „Kopf hoch!" „Auch das geht vorbei!" „Halt die Ohren steif!" „Es könnte viel schlimmer sein!" „Da muss man halt durch!" „Alles ist für irgend etwas gut!" sind vielleicht gut und hilfreich gemeint. Aber dieser Zweckoptimismus minimalisiert und trivialisiert den Schmerz des anderen. Solche Ratschläge sind oft Abwehrreaktionen der „Tröstenden". Man will den Schmerz des anderen nicht annehmen, entweder aus Angst vor eigenen Gefühlen oder aus der Weigerung sie überhaupt zuzulassen. Und man setzt den anderen unter Druck, weil man zumindest subtil vermittelt, dass er seinen Schmerz möglichst rasch überwinden sollte.

„Nimm es nicht so schwer!" „Vergiss es doch einfach!" „Red' nicht so!" „Du schaffst das!" „Wann wirst du wieder zu arbeiten beginnen?" „Wem das Wasser bis zum Hals steht, sollte den Kopf nicht hängen lassen!" Diese Kommentare und Vorschläge sind bedenklich, weil sie Unzulänglichkeit und

Zweifel an der Kompetenz des anderen suggerieren. Sie erzeugen Druck, weil sie ihm vermitteln, dass er schon weiter sein sollte – „business as usual". Wer nur gelernt hat, im Modus der Aktivität zu leben, hat es schwer, mit Situationen umzugehen, in denen er oder sie nichts machen kann, in denen man etwas erleidet und an seine Grenzen stößt. Solche aufmunternd gemeinten Sätze stärken nicht, allenfalls ärgern sie den Betroffenen, weil sie subtil abwerten und ihm vermitteln, dass er sich nicht genügend anstrengt und „zusammenreißt".

„Warum umgibst du dich überhaupt mit solchen Leuten?" „Hättest du nicht vorsichtiger sein sollen?" „Du hast ja auch deinen Anteil an der Misere!" Solche Anteilnahme wirkt belehrend und verursacht Schuldgefühle. Solche Aussagen trösten nicht, sondern wirken eher verletzend. Wer so argumentiert, begibt sich in die Elternrolle und greift an, statt auf Augenhöhe zu bleiben. Gerade in schweren Zeiten, in denen man ohnehin geschwächt ist, will man nicht auch noch bevormundet werden. Man braucht es mehr als sonst, dass man für voll genommen wird.

„Ich weiß, was du fühlst." Dieser Satz ist vielleicht einfühlsam gemeint, aber er provoziert Protest. Erstens ist es höchst unwahrscheinlich, dass man weiß, was ein anderer fühlt. Zweitens verleugnet er die Einzigartigkeit einer Person. Und drittens provoziert er meist ein ärgerlich ausgesprochenes oder gedachtes: „Nein, du kannst es gar nicht wissen!"

Selbst wenn Tränen manchmal recht rasch trocknen, so klingt jene rhetorisch gemeinte Elternfrage abwertend: „War es wirklich so schlimm?" Natürlich war die Liebesenttäuschung im Nachhinein betrachtet nicht so dramatisch, aber dennoch vermittelt jener oft so gut gemeinte Satz die Botschaft: „Eigentlich hast du keinen Grund zu weinen – also das nächste Mal bitte nicht mehr so traurig sein!" Käme jemand auf die Idee, Tränen des Glücks – etwa angesichts eines heiß ersehnten Wiedersehens – zu relativieren? Diese

Aussage: „Es war doch nicht so schlimm" objektiviert das ganz subjektive Gefühl, das jemand in einer bestimmten Situation empfindet. Das ist aber nicht zu objektivieren. Dieser oder ein ähnlicher Spruch wie beispielsweise „Weine nicht, denn es gibt andere, die es schwerer haben und deshalb mehr Grund haben, traurig zu sein" respektiert das Gefühl des Betroffenen nicht. Der Mensch, der weint, fühlt sich nicht angenommen. Seine innere Bewegung wird in Frage gestellt, weil sie bewertet und auf einer imaginären Skala unten eingeordnet wird.

„Es wird sicher besser", „Alles wird wieder gut", „Du wirst darüber hinwegkommen", „Wenn du erst mal verheiratet bist, wird alles besser". Diese Sätze klingen, als besäße der Sprecher eine Kristallkugel, mit der er die Zukunft voraussagen kann. Jedenfalls geben sie ein Versprechen, das sie nicht einlösen können. Und der Empfänger weiß das auch, deswegen empfindet er solche Versprechungen als Vertröstungen, die wenig hilfreich sind.

Genauso wenig hilfreich wie: „Sei nicht so deprimiert, sieh doch auf das Gute", „Nimm doch ein Medikament für deine Nerven!", „Sollte ich nicht lieber einen Arzt für dich anrufen?" Solche Empfehlungen wirken herablassend. Sie vermitteln den Eindruck, dass man sich heraushalten will. Das Gegenüber fühlt sich abgeschoben oder unter Druck gesetzt mit der impliziten Erwartung: „Sei doch wieder heiter oder nimm ein paar Pillen!"

Die meisten Menschen benutzen solche Phrasen in guter Absicht. Was gut gemeint ist, kann aber auch voll daneben sein. Allein die Anzahl der vielen vorhandenen Clichés zeigt, wie Menschen um tröstende Worte ringen und wie schwierig es ist, die passenden Worte zu finden. Es gibt aber einen Weg aus dieser Misere: Statt die Vernunft einzuschalten, lässt man sein Herz sprechen. Es genügt oft, einfach da zu sein und persönlich zu werden, statt der Vernunft zu gehorchen, die „das Richtige" sagen will. Es ist immer besser, auf die Stimme des Herzens zu hören und nach eigenen Worten zu suchen, auch wenn es unbeholfen ausfällt, als sich herauszuhalten und den anderen mit irgendwelchen Floskeln abzuspeisen.

Wahrhaftiger Trost

Der zehnte Wegweiser: Wie soll eine zärtliche Geste trösten, wenn sie nur mechanisch geschieht? Was erlebt ein Kind, wenn es spürt, dass die Mutter auf die Uhr schaut, während sie ihr Kind streichelt? Was soll ein tröstliches Wort, wenn es nicht stimmig ist?

Besonders in Schwierigkeiten wollen Menschen, dass man sie ernst nimmt und ihnen nichts vorgaukelt. Sie haben ein besonderes Gespür für die Stimmigkeit von Aussagen und reagieren sensibel auf Beschönigungen, Beschwichtigungen, Versprechungen, Bagatellisierungen oder Appelle. Jemanden in einer Krise wirklich ernst zu nehmen, das klingt vielleicht banal, doch zeigt die tägliche Praxis, dass viele Tröstende meinen, nur positive, angenehme, beschönigende, stärkende Sachverhalte trösten. Das geläufige Trostmittel ist gut gemeinte Schonung, oder wie der Schriftsteller Walter Dirks es pointiert: „Illusion".

Dahinter steckt oft die Weigerung, den wahren Ernst der Lage des anderen anzuerkennen. Man will es nicht wahrhaben, weil nicht sein kann, was nicht sein darf. Am Krankenbett steht man dann verlegen oder hilflos, weiß nicht, ob man lieber reden oder schweigen soll, Stimmung machen oder Witze erzählen. Stattdessen flüchtet man sich in übertriebenes Mitleid und verlogene Gerechtigkeit: „Wie ungerecht, dass es gerade dich erwischt hat. Du hast das wirklich nicht verdient." Oder man gibt sich betont „normal" und wünscht einem Kranken schöne und gesunde Feiertage oder schickt einem Trauernden überschwängliche Urlaubsgrüße. Vielleicht sollten sie als Trostpflaster gemeint sein, aber eher zeugen sie von Gedankenlosigkeit und Defizit an Mitgefühl. In solchen Situationen wäre es besser – man schweigt.

Wie soll ein Wort trösten können, wenn es nicht wahr ist? Wie soll ein Freund einen aufrichten, wenn seine Zuwendung nicht echt ist? Auch die gekonnten, guten Trostworte entlasten nicht, wenn sie nicht stimmig und wahrhaftig sind. Trost muss „stimmen", das heißt: wahrhaftig sein, sonst verfehlt er seine wohltuende Wirkung. Eine Umarmung kann tröstlich sein, aber kann eine aufdringliche Pflichtumarmung eine tröstliche sein? Im Gegenteil: sie ist eher peinlich, weil sie nicht aus dem Herzen kommt. Schlägt nicht die Wohltat einer zärtlichen Geste in neue Enttäuschung um, wenn man spürt, die Bewegung geschieht rein mechanisch. Der andere ist gar nicht bei der Sache.

Für wirklichen Trost taugen sie nichts, diese Alltagsstrategien, die nicht aus dem Herzen kommen. Schon deshalb, weil sie das Leiden des anderen nicht wahrhaben wollen, den Schmerz bagatellisieren und nicht aushalten können. Die Wahrheit beginnt im Kleinen. Im Entrümpeln von all jenen Sprüchen, die besserwisserisch oder bevormundend daherkommen. Sie alle haben eines gemeinsam: Sie sprechen dem Betroffenen die Kompetenz der Selbsteinschätzung und die Einmaligkeit seines Erlebens ab. Und – sie sind nicht wahrhaftig. Man muss nicht alles sagen, was man denkt, aber was man sagt, sollte stimmig sein. Deswegen schlage ich ein „Trostfasten" vor. Keine plumpen Verschwisterungen „Ich weiß, was in dir vorgeht", die den anderen nicht ernst nehmen. Keine Appelle an die Selbstheilungskräfte: „Du musst jetzt stark sein!" „Nimm es nicht so tragisch!" „Schau nach vorn und nicht zurück!" Keine falschen Hoffnungen, die die Realität suggestiv umdeuten: „Keine Sorge, das kriegst du schon hin!" „Nächstes Mal wirst du Glück haben!" „Du hast doch bisher alles geschafft!" Keine Verallgemeinerungen, die nur Ausflüchte sind: „Jeder hat halt sein Kreuz zu tragen!" „Das bleibt keinem erspart!" „Vor so etwas ist keiner gefeit!". Keine billigen Prognosen ohne konkreten Anhalt: „Das Leben geht weiter!" „Die Zeit heilt alle Wunden!" „Auch du wirst darüber hinwegkommen!"

All diese Trostpflaster stiften keinen echten Trost, weil sie Spielarten der Verleugnung, Abwehr und Verdrängung sind. Sie alle arbeiten mit Illusionen. Sie unterstützen die Abwehrhaltungen der Betroffenen und schwächen sie, statt sie zu stärken. Immer geht es darum, der Realität auszuweichen und eine scheinbar bessere, weniger schmerzhafte Wirklichkeit vorzutäuschen. Trostpflaster sind wie Seifenblasen, sie sehen zwar nach außen schillernd aus, aber innen sind sie hohl. Und sie platzen früher oder später. Selbst die hübschesten Trostpflaster, wenn sie nicht stimmig sind, können nicht verhindern, dass die Wunde darunter weiter eitert.

Anders ist es mit echtem Trost, der realistische Hoffnungen vermittelt, und dort, wo keine mehr ist, dem anderen nichts vormacht. Was unterscheidet ihn von den üblichen Trostpflastern? Er stimmt, weil er aus dem Herzen kommt.

IV.
Gesten des Tröstens

Meist reagieren wir mit besonderer Wachsamkeit auf Gesten. Es scheint fast so, als verfügen wir über einen hochentwickelten Geheimcode, meinte der Psychologe Edward Sapir, der zwar nirgends geschrieben steht, den aber jeder kennt und versteht. Nehmen wir beispielsweise die Geste des „Händchen-haltens", des „Hand-auflegens", des „Arm-in-Arm-gehens", wenn wir eine Verbindung knüpfen wollen. Wir setzen sie ein, ohne groß darüber nachzudenken. Sogar kalte oder feuchte Hände nehmen wir in Kauf oder ein verändertes Schritttempo, um diese Verbindung aufrechtzuerhalten. Sie vermittelt uns Nähe, Gemeinsamkeit und Geborgenheit.

Eine Berührung stellt Verbindung her. Ein wichtiger Inhalt von Berührung ist die Vermittlung von Beruhigung und Halt. In Situationen von Schmerz, Unruhe und Leid tun wir es intuitiv, weil wir Mitbetroffenheit, Mitleid, Mitgefühl empfinden, das zum Berühren auffordert. Leid ruft nach Linderung, Aufgebrachtsein nach Beruhigung, Angst nach Versicherung. Man kann dieses Gespür für die Bedürftigkeit des anderen aber auch verfeinern und weiterentwickeln. Ich denke dabei an Situationen, in denen der andere schwer zugänglich ist, weil er aufgewühlt oder stark angespannt ist. In solchen Situationen kommt es sehr auf Achtsamkeit an, mit der wir seine Bedürfnisse und Grenzen wahrnehmen und respektieren.

Auf den ersten Blick mag es so aussehen, als seien diese tröstlichen Gesten zum Nutzen anderer Menschen. Aber sie nützen uns selbst ebenso. Sie sind weder kompliziert noch brauchen sie eine besondere Ausbildung. Wir müssen nicht erst lernen, anderen beizustehen. Wir müssen uns nur daran erinnern, dass wir einander brauchen. Viel mehr vielleicht, als wir es uns einzugestehen wagen.

Bitte berühren!

Wir alle brauchen sie – die Berührung. Vor allem, wenn das Leben unbehaglich und die Stunden grau und zäh dahin fließen. Eine starke Schulter bieten, durch das Haar streicheln, sanft umarmen, Halt geben, über die Wange streichen, den Rücken stärken, an die Hand nehmen, sicher führen, festhalten, bergen – das sind die natürlichen Gesten des Trostes. Wer verlässlich gehegt und gepflegt wurde, der kennt sie von Anfang an. „Wie die Mutter", reagieren deshalb die meisten, wenn von „trösten" die Rede ist. Es scheinen unsere großen Erfahrungen gewesen zu sein, dass Mütter trösten, dass wir uns in ihre Arme fallen lassen konnten, in ihre Hand, die uns abends über den Kopf strich. Selbst in der Bibel heißt es: „Ich will euch trösten, wie einen seine Mutter tröstet." Dabei geht es nicht um Glaubenssätze, sondern um Fakten, die die Natur des Menschen setzt: Mit den Vertrauensreserven von Streicheln, Halten, Wärmen, Reden, Ansehen, die uns das Vertrauen schenkten, gewollt und geliebt zu sein, können wir auch anderen das geben, was sie brauchen.

Diese frühen Reserven sind es, die uns intuitiv die Hand ausstrecken lassen, uns beispringen lassen, Unterstützung geben und Trost spenden lassen. Weil wir spüren: Es ist gut, sich anzuvertrauen. Berührungen verschenkt man und bekommt sie geschenkt, wenn die Worte fehlen und nur noch die Hände etwas Tröstliches ausdrücken können. Und das Schöne daran: Sie tun beiden gut, dem, der sie schenkt und dem, der sie empfängt.

Wir können mit den Händen sprechen. Die Grammatik dieser Sprache können wir, wenn wir sie verlernt haben, uns wieder aneignen. Dazu müssen wir uns nur daran erinnern, was uns früher an Berührungssprache – wie unsere Muttersprache – zufiel.

Es gibt die Stützberührungen an der Schulter, die dem anderen Halt geben. Sie sagen: „Ich stütze dich!". Es gibt andere, wie die Streichberührungen am Rücken im oberen Kreuz, die die Botschaft vermitteln: „Ich stärke dir den Rücken!" Und es gibt die Handberührung, die den anderen an die Hand nimmt und vermittelt: „Ich führe dich sicher!" Wenn jemand sehr aufgewühlt ist, dann gibt es die Halteberührung, die ausdrückt: „Ich halte dich fest!", „Ich berge dich!" Jemanden bergen, was nach Unfällen geschieht, damit nicht noch größerer Schaden entsteht, ist aber noch mehr: Man schenkt Geborgenheit, wenn jemand verletzt und schutzlos ist.

Es ist nützlich zu wissen, wie unterschiedlich die Botschaften unserer Hände bei anderen ankommen. Und vielleicht hilft es auch bei der Wahl: Was will ich mit meinen Händen ausdrücken?

Wichtig erscheint mir, dass die am meisten benötigte Berührung nicht die ist, die uns hält, sondern die, die uns hilft, selbst zu gehen. Und auch nicht die, die uns – wie eine Lokomotive einen Eisenbahnwagen – zieht, sondern eine, die uns hilft, selbst weiterzugehen. Eine solche Berührung kann man nur schwer definieren. Man kann sie als Wunsch formulieren: Menschen brauchen Berührungen, die ihnen Selbstvertrauen geben, weil da jemand ist, der ihnen unerschütterliches Vertrauen schenkt.

Trösten ohne Worte

Einen Trauernden, einen Kranken oder einen von einem Schicksalsschlag betroffenen Menschen aufzusuchen und ihm beizustehen, ist wohl für die meisten keine einfache Aufgabe. Angesichts eines verzweifelten, erstarrten oder weinenden Menschen fühlt man sich irgendwie hilflos, sprachlos. Man weiß nicht so recht, was man sagen soll und verdeckt dies mit vielen Worten. Wie oft tun dies Pfarrer, Seelsorger, Ärzte – wir alle?

Ich will das Reden nicht verächtlich machen. Es ist ja das Menschlichste, was wir haben. Und wenn man einfach so daherredet, versucht man immerhin eine Brücke zu schlagen, um nicht überlegen zu müssen, über welche Abgründe man selbst geht. Einfach nur dasitzen, die Hand des anderen halten und schweigen, da fühlt man sich unbeholfen und dumm, als hätte man nichts zu sagen. Das Missverständnis liegt aber darin, dass wir Schweigen als Unterlassen von Reden auffassen. Dass wir Schweigen als Unvermögen erleben, als Unbeholfenheit, weil wir hilflos sind. Und dass wir uns nicht mehr die Zeit nehmen, miteinander zu schweigen, weil wir gelernt haben, jeden möglichen Augenblick mit Gesprächen vollzustopfen.

Wer die Stille der Nacht kennt, die stumme Kraft in den Bergen, das Schweigen in einer Höhle oder einem Wald, der weiß, wie das Schweigen einen berührt und ergreift, wie man plötzlich nach innen zu lauschen beginnt. Es gibt ein aktives Schweigen, das einen lauschender, hellhöriger, feinspüriger werden lässt, dessen Qualität man am besten erfährt, wenn man sich das staunende Schweigen eines Säuglings, eines Liebespaares, das sich gefunden hat, vergegenwärtigt. Sie schweigen nicht passiv, sie haben nicht einfach aufgehört zu reden, sondern sie sind in einem Raum der Begegnung, in dem die Gefühle eine andere Sprache zu sprechen beginnen. Sie sprechen ohne Worte. Sie fühlen miteinander. Anne

Morrow Lindbergh, die Frau des berühmten Ozeanfliegers, drückt es treffend aus: „Dann wird die Mitteilung zum Teilhaftigwerden, und man empfängt einen Reichtum, den Worte niemals erreichen können."

Unsere Verlegenheit, zu schweigen, wenn wir nicht mehr auf unsere Zunge zurückgreifen können, auf unsere eingeschliffenen Worthülsen, zeigt, dass wir der Sprache der Gefühle nicht mehr viel zutrauen. Deshalb reden wir mit Menschen, die unseren Trost brauchen, in Worten, weil wir das Reden ohne Worte nicht geübt haben.

Aber manchmal sind sie, die uns brauchen, nicht in der Lage zu sprechen. Sie wollen nur unsere Gegenwärtigkeit, ohne sich darum kümmern zu müssen, ob wir uns mit ihrem oder dem eigenen Schweigen wohlfühlen. Sie haben schlicht nicht mehr die Kraft, ansprechbar, angenehm, höflich oder kommunikativ zu sein. Gerade sie brauchen diese andere Sprache, die ein wortloses Miteinandersein, ein Zuhören ermöglicht, das über die gewohnte Sprache hinausführt. Dass im Schweigen eine andere Sprache spricht, zeigen die vielen Umschreibungen. Das beredte Schweigen, das ruhige, liebende, verstehende, barmherzige Schweigen, das Schweigen des Lebens, wenn sich eine Blüte öffnet, und das Schweigen des Todes. Wer schweigt, ist bei sich selbst in jenem stillen Raum, der überhaupt die Vorbedingung für Einfühlung, Sammlung und Kraft ist.

Entstehen lassen, fühlen, hören, warten, sammeln sind seine Quellen, zu denen wir immer wieder einkehren können, um Zugang zu den Herzen anderer zu finden. Deswegen schweigen Liebende, weil sich im Schweigen die Liebe besser ausbreiten kann als beim Reden. Und deswegen sollten wir der Kraft des Schweigens mehr vertrauen, weil sie gerade in der Gegenwart von Trauernden und Leidenden oft die einzige Sprache ist, die Resonanz findet.

Die Suche nach unverbrauchten Trostworten ist schwierig, weil sie immer in Gefahr stehen, in den Verdacht des Vertröstens zu geraten. Außerdem sind Menschen in Leid und Schmerz rational und vernünftig nicht erreichbar. Sie brauchen die Sprache des schweigsamen Mittragens, des Da-Seins, des Beieinander-Seins, die oft viel beredter spricht als es Worte vermögen. Dieses stille Zugeständnis, selbst auch ohne Worte zu sein, kann am tiefsten die Solidarität mit dem Leidenden ausdrücken. Das gemeinsam ertragene Schweigen baut überhaupt die Brücke zwischen beiden. Weil beide sich nicht hinter Worten verschanzen, kann ein Raum entstehen, in dem Tröster und Getrösteter gemeinsam das Leid tragen im wortlosen Beieinander-Sein.

Statt Worte bloßes Dasein und Annehmen? Sicher ist das gemeinsame Schweigen eines der kostbarsten und intensivsten Gaben, die Menschen miteinander teilen. Nur kann man es nicht mit jedem Menschen. Reden kann man mit allen, mit denen man Kontakt und Begegnung hat. Aber Schweigen öffnet einen intimen Raum, in dem man sich unmittelbar auf der Gefühlsebene aussetzt. Deswegen ist es ein Zeichen tiefer Verbundenheit, wenn zwei Menschen miteinander schweigen können. Ich gebe zu, dass es über das gemeinsame Schweigen hinaus auch verbale Ansprache braucht, Angebote, die in Worte gekleidet werden müssen, Gedanken, die man aussprechen muss. Aber das Schweigen sollte man nicht unterschätzen, weil es uns wie kaum eine andere Geste erlaubt, Tröster zu sein.

Keine Angst vor Tränen

Es mag ungewohnt sein, neben einem Menschen zu sitzen, der feuchte Augen bekommt, schwerer noch, wenn er herzzerreißend weint oder gar bitterlich schluchzt. Wie verhält man sich? Wegschauen, Schweigen, hilfreich zur Seite springen, Taschentücher reichen, Tränen wischen? Vielleicht verliert man etwas von der eigenen Befangenheit, wenn man bedenkt, dass beim Weinen immer etwas Heilendes geschieht – der Körper gerät in Bewegung und spricht, die Gefühle dürfen sich äußern und der Schmerz kommt in Fluss. Allein das bringt schon Entlastung, Erleichterung und ist ein erster Schritt heraus aus der Untröstlichkeit. Die zustimmende Haltung: „Weine nur, spare nicht mit deinen Tränen", oder „Es ist eine Gnade, weinen zu können", muss man nicht einmal aussprechen. Der andere spürt sie.

Tränen spülen weg, was sich angesammelt hat. Sie brauchen Raum und Zeit. Also nicht gleich ein Taschentuch reichen oder hilfreich zur Seite springen, sondern die Tränen erst einmal fließen lassen, so dass der andere sich angenommen fühlt und spürt: „Meine Tränen dürfen sein." Es genügt, einfach da zu sein, dabei zu sein, daneben zu sein, und wenn der andere sich „ausgeweint" hat, ihm den Rücken zu stärken, den Arm um die Schulter zu legen, einen Händedruck zu geben oder eben tröstende Worte zu schenken. All diese Gesten sind uralte Muster der „Fellpflege", die zu unserer seelischen Ausstattung gehören. Verschenken wir sie großzügig. Was gibt es Berührenderes als die Erfahrung, Zeuge und Mitfühlender zu sein, wenn jemand innere Bewegungen zulässt? Wissen wir nicht von uns selbst, dass es kaum etwas gibt, das mehr Nähe schafft, als jemand, der unsere Tränen kennt und getrocknet hat?

Wenn die Tränen fließen, so unterstützt man den anderen am besten, indem man ihn erst einmal weinen lässt, und nicht unterbricht oder die Tränen wegzumachen versucht, mit Worten wie: „Wein doch nicht!" oder „Es wird schon wieder, du brauchst nicht weinen." Tränen brauchen keine Rechtfertigung. Jede Not, jedes Unglück verdient seine Tränen. Man denke nur an die Kinder, sie haben so viele Tränen, die fließen, wenn sie früh ins Bett gehen müssen, hinfallen, ihre Hausaufgaben machen müssen, wenn das Fahrrad einen Platten hat und wenn es Spinat gibt. Und die Erwachsenen? Wie viele gestatten sich nur im Kino oder vor dem Fernseher ein paar verstohlene Tränen? Es ist keine Schande, zu weinen. Im Gegenteil, ohne Tränen zu sein, bedeutet in einer trockenen, ausdrucksarmen, gefühlskalten Kultur zu leben. Ohne Ausdruck und ohne Trost. Warum soll es dann peinlich sein, wenn jemand sein Gesicht nass macht, wenn die Nase tropft, die Mundwinkel, die Hände, das Taschentuch? Natürlich wurde uns beigebracht, Haltung zu bewahren, gefasst zu bleiben, so zu tun als ob. Aber betrachten wir einmal ein Gesicht, in dem nur noch die trockenen Augen zucken. Wie viel weicher, ausdrucksvoller, lebendiger hingegen ein Gesicht, das noch weinen kann!

Deswegen meine Empfehlung – gehen Sie hin zu den Weinenden, stellen Sie sich zu ihnen, seien Sie mit denen, die Grund zum Weinen haben. Sie brauchen es.

Das Leid akzeptieren

Das Größte, was man einem Menschen in Kummer und Schmerz schenken kann, ist ganz schlicht: Achtsamkeit. Nichts schwächt so sehr wie das Gefühl der Isolation, des Ausgegrenztseins, der Einsamkeit. Umso wichtiger ist das Mitgefühl, das annehmende So-Sein-Lassen, wie es ist – auch wenn es manchmal schmerzhaft und traurig ist.

Wie lässt sich dieses aufmerksame Mitfühlen zum Ausdruck bringen? Denken Sie an die Hebammen, Schwestern, Ehemänner, Freundinnen, die bei der Geburt eines Kindes mithelfen. Was tun sie? Sie unterstützen die Gebärende, indem sie mit ihr atmen. Sie stimmen sich in die Atmung der werdenden Mutter ein, um ihr zu helfen, mit den Wellen des Schmerzes mitzugehen.

Diese Erfahrung lässt sich übertragen auf den Umgang mit Menschen, die Trost brauchen. Wir atmen mit ihnen. Warum ist das so wichtig? Wenn wir frei atmen, statt die Luft anzuhalten, werden wir weit und offen. Damit werden wir nicht nur zugänglich für die eigenen Gefühle, sondern auch für die des anderen. Wenn Situationen belastend oder schwierig werden unter mitmenschlichem Stress, neigen wir dazu, die Atmung zu drosseln, einzuschränken oder anzuhalten. Wir spannen die am Atmen beteiligten Muskeln an, so dass die Gefühle sich nicht frei entfalten können. Wir werden eng, angespannt und blockiert. Das ist meistens genau das, was ein Mensch in Kummer und Schmerz auch erlebt. Aus Angst die eigenen schmerzlichen Gefühle zuzulassen und zu zeigen, hält er die Luft an, unterdrückt seine Emotionen, nimmt sich zurück, atmet nur noch leise, um keinen Ton herauszulassen, weil dann die Situation noch ärger würde.

Atmen heißt fühlen. Indem wir unsere Atmung frei fließen lassen, wird auch der Raum für den anderen weiter. Man steckt ihn förmlich an, dass auch er sich öffnet und in Kontakt mit seinen Gefühlen kommt.

Eine alte Volksweisheit besagt: „Wenn du Angst hast, nimm einen tiefen Atemzug." Das weitet die Zellen und die Sinne, entspannt und beruhigt. So entsteht ein Raum der Weite und des Friedens. In diesem Raum kann sich Mitgefühl entfalten, weil man den Schmerz des anderen an sich heranlässt. Vielleicht ist dieses Sich-Öffnen für manche beängstigend, weil sie fürchten, sie könnten vom Schmerz des anderen angesteckt oder heruntergezogen werden. Diese Angst lässt sich bannen, wenn wir bedenken, dass man einem anderen Menschen seinen Schmerz weder abnehmen, wegnehmen noch ihn übernehmen kann. Er gehört ihm. Wir können ihn aber durch unsere Präsenz ertragbarer, leichter machen, indem wir eine Berührtheit zulassen, uns bewegen lassen. Wir handeln dann wie eine zärtliche Mutter, die sich von den kleinen und großen Sorgen, Ängsten und Schmerzen ihrer Kinder berühren lässt, sie anhört, mitschwingt, durchspricht und in beruhigendem Sinn annimmt. Der Psychoanalytiker Sándor Ferenczi sprach von den „Wohltaten einer guten Kinderstube", an die wir uns erinnern sollten. Sich mit dem Atem in den anderen einschwingen, ihn halten, mit ihm atmen, ihn in den Arm nehmen und wiegen. Das sind Erfahrungen, die wir von klein auf mitbringen. Wir müssen uns nur wieder daran erinnern und sie wach rufen.

Wir können uns zunächst vorstellen, in den Schmerz des anderen hineinzuatmen und Wärme, Liebe und Segen zurückzuatmen. Allein diese Vorstellung bewirkt, dass der andere sich angenommen und gehalten fühlt. Er spürt, dass wir bei ihm sind. Viel mehr braucht es nicht.

V.
Trostgefährten

Niemand bleibt nur Zuschauer: Das Lebenselixier Trost geht uns alle an. Jeder wirkt daran mit, gewollt oder ungewollt. Wir brauchen eine Vernetzung gegenseitiger Anteilnahme, bei der jeder sich angesprochen fühlt. So wird Menschen nicht nur geholfen, auf sich selbst zu achten, sondern wir alle profitieren von diesem Geist des „Take care". Jeder, der die Fährnisse des Lebens einigermaßen heil überstanden hat, konnte dies, weil wachsame Augen und warme Hände von Freunden, Familie, Wahlverwandten, oder mitunter auch Fremden da waren. Je besser unsere Netzwerke tragen, desto eher kann schwache Hoffnung wieder Kraft gewinnen, kann der erschütterte Boden wieder Festigkeit erhalten. Das geht nur, wenn alle mitspielen. Wir brauchen Fangnetze, Anker, geschützte Orte, denn nichts geht ohne die anderen.

Freunde sind Anker

Für manche Menschen sind sie wichtiger als die eigene Familie: Gute Freunde, die sich untereinander in allen Lebenslagen beistehen, Stütze und Halt geben. An wen kann man sich in der Not wenden, wenn nicht an die Freunde? Wir existieren erst, wenn es jemanden gibt, der unsere Existenz wahrnimmt und unsere Worte versteht. Von Freunden umgeben zu sein heißt: Wir werden wahrgenommen, identifiziert und bestätigt. Ihre Teilnahme an unserem Leben zeigt uns, dass wir einen Platz haben, dass wir angenommen sind. Sie kennen unsere Eigenheiten, Macken und Nöte und sie akzeptieren und bejahen uns so wie wir sind, weil sie unser Wesen mögen.

Stellen Sie sich vor, Sie haben gerade eine schwere Enttäuschung erlebt und sehnen sich nach menschlichem Beistand. Sie fragen sich: An wen kann ich mich wenden?

Und nun gehen Sie Ihre Adressliste durch. Erleben Sie eine Überraschung? Sind es die vertrauten Freunde, mit denen Sie sich alle paar Tage oder Wochen treffen? Oder sind es eher die, die Sie nur selten sehen? Sind es die, die Sie vielleicht aus den Augen verloren haben, denen Sie aber im Innersten vertrauen? Wie viele Namen stehen unter dem Strich? Sind es mehr oder weniger als eine Handvoll Freunde?

Wie erkennt man den wahren Freund? „Ein echter Freund oder eine echte Freundin hat mich genau so gern, wie ich bin. Nicht obwohl ich so bin, sondern weil ich so bin – mit allen meinen Schwächen und Fehlern", so definiert es eine Studentin. Es braucht Vertrauen, an der Tür zu klingeln und zu sagen: „Mach auf, ich bin es!" Wir müssten lernen, unsere Feinde zu lieben, heißt es in der Bibel, aber genauso wichtig ist es, einander als Freunde die Herzen zu öffnen. So lange es einen Freund gibt, für den wir Vertrauen empfinden, ist unsere Seele niemals ohne Trost.

Das Zusammensein mit einem Freund, der für unser Leben wichtig ist, bedeutet immer auch, dass wir in uns Quellen der Zuversicht, der Hoffnung und des Trostes entdecken, bisher noch nicht ans Tageslicht gerückte Tastaturen unseres Wesens, auf denen wir zu spielen lernen.

Eine meiner zentralen Fragen in Therapien ist die nach dem besten Freund. Wenn jemand sagen kann: „Ja, ich habe einen besten Freund oder eine beste Freundin", dann ist die Prognose einer Therapie erfahrungsgemäß günstig. Freunde sind Lebensmittel, ohne sie vertrocknen und verhungern wir. Wer Freundschaften pflegt, ist von der Einsamkeit des Alters nicht bedroht, hat verlässliche Bindungen und ist nicht allein, wenn der Partner geht oder die Kinder weit entfernt wohnen. Eine Frau spricht über ihre Freundin: „Auch wenn es mir richtig schlecht geht, merke ich, dass allein der Kontakt mit ihr mich wieder aufbaut. Dann fühle ich, da ist jemand, der meinen Rücken stärkt. Ich kann wieder aufrechter gehen. Es tut alles nur noch halb so weh."

Mit jedem freundschaftlichen Akt schließen wir auch ein Stück Freundschaft mit uns selbst. Jede verständnisvolle Geste, jedes wohlwollende Nicken ist nicht nur Trost von außen, sondern nach innen – für uns selbst.

Die Familie als Tröster

Manchmal sind es die Freunde, die trösten, wenn das Leben einem viel zumutet und für viele ist es die Familie, die als Lebensretter da ist, in ihrer Funktion und Notwendigkeit als Garant von Hilfe und Gegenseitigkeit. Dennoch beklagen sich auffallend viele, dass es gerade ihre Familie ist, von der sie sich im Stich gelassen fühlen. Umso mehr sind sie dann überrascht von der unerwarteten Güte eines Fremden, der Herzlichkeit eines Nachbarn, der Feinspürigkeit eines Kollegen – Menschen, denen sie es nicht zugetraut hätten, die ihnen unerwartet und unverhofft wieder Zuversicht geben.

Und dennoch – das belegt die Mehrzahl der Untersuchungen – suchen die meisten Menschen Schutz und Trost bei seelischen Problemen zuerst in ihrer Familie. Dort zählen andere Kategorien in Glück und Unglück und andere Formen von Trost und Anteilnahme. Eindrücklich beschreibt dies Frank Schirrmacher in seinem Buch „Minimum" (2006) am Beispiel der Brandkatastrophe des gewaltigen Hotelkomplexes Summerland – der größten in Großbritannien seit Ende des Zweiten Weltkrieges. Es wäre ein ganz gewöhnlicher Brand gewesen, wenn diese Katastrophe nicht, wie der Psychologe Jonathan Sime herausgefunden hatte, uralte Familienmuster in Kraft gesetzt hätte. Die Familien setzten – im Gegensatz zu den Freunden – alles daran, einander im Tumult des Entrinnens nicht zu verlieren und gemeinsam zu flüchten. Siebenundsechzig Prozent der Familien hatten sich gemeinsam gerettet, aber nur ein Viertel der Freunde waren zusammengeblieben! Und noch bemerkenswerter: Selbst Familienmitglieder, die zu Beginn der Katastrophe im gesamten Hotelkomplex verstreut waren, hatten offenbar alles daran gesetzt, einander trotz des unbeschreiblichen Chaos zu finden. Bei den Freunden hingegen hatte sich zum Zeitpunkt des Feuerausbruchs keine einzige Gruppe zusammengefunden.

Was also vorher als verlässliche Bindung erschien und fester als manche Familienbindung, war in Sekunden gekippt. Aus Freunden wurden Einzelkämpfer, aus Familien sich blitzschnell organisierende Rettungskonvois.

Man könnte folgern, in Familien lebt ein Vertrauen aus Urzeiten: Was auch immer geschieht, man wird nicht allein gelassen. Oder in anderen Worten: Die Familie nimmt uns auf, wenn niemand sonst es tut. Sie schützt uns, wenn die Freunde das Weite suchen.

Natürlich sind Familien keine heilen Schutzinseln. Es gibt Missverstehen, Spannungen, Streit und Enttäuschung. Und hinzu kommt, unsere Familien schrumpfen – und damit auch unsere Netzwerke. Immer seltener sucht und empfängt der Einzelne Hilfe bei den Nächsten, und immer öfter muss er selbst Beistand leisten.

Wir brauchen aber unsere Netzwerke zum Überleben, heute wie schon seit Urzeiten. Allein die Forschungsergebnisse der Medizin sprechen für sich: Intakte Familienverbände reduzieren die Gefahr von Herzkrankheiten, die Heilungschancen bei Krebs steigen, der Ruhepuls ist signifikant niedriger. Kurzum: Je ausgeprägter unser familiäres Netzwerk, desto besser und länger die Chance des Überlebens.

Diese lebensfreundlichen Beispiele zeigen, was uns fehlt. Die Familie ist unser nächster und bester Helfer, aber eben nicht nur das. Die Familie ist unser Trainingslager in Sachen Beistand und Belastung, Liebe und Leid. Beide Erfahrungen sind notwendig. Man kann sich nicht nur eines aussuchen, weil es Rollen gibt, die wir uns nicht auswählen können, sie wählen uns. Wir haben eben nur diese Eltern, diese Geschwister und keine anderen. Also gilt es zu lernen, mit ihnen auszukommen, sich ihnen anzuvertrauen, im Wissen, dass sie nicht nur Freude, sondern auch Leid mit sich bringen. „Wir haben sie nicht gewählt, also versuchen wir mit ihnen auszukommen!" so der lapidare, aber wahre Spruch, den ich über einem Schreibtisch fand. Ich lese ihn so: Statt sie anders zu wünschen, als sie sind, können wir versuchen, Dankbarkeit aufzubringen, dass sie überhaupt da sind. Diese Dankbarkeit kann man üben, wenn man sich des Reichtums an Verbundenheit bewusst wird. Eine Tochter drückt es schön aus: „Ich will gar nicht daran denken, wie es ist, wenn meine Mutter einmal nicht mehr sein wird. Schon allein die Vorstellung, ich könnte sie nicht mehr anrufen, daran darf ich nicht einmal denken. Seit sie alt geworden ist, wird mir bewusst, wie unendlich kostbar sie für mich ist. Was wäre mein Leben ohne dieses Gefühl: ich kann sie jederzeit besuchen, mit ihr lachen, mit ihr tratschen? Sie ist mein größtes Lebensgeschenk." Die Freundschaft zwischen erwachsenen Kindern und ihren Eltern ist ein unschätzbarer Reichtum, vor allem wenn einem bewusst wird, dass das Leben vergänglich ist – auch das eigene.

Tatsächlich gibt es einen Unterschied zwischen familiären Beziehungen und Freundschaften. Bei der Pflege von Freundschaften geht es stets auch um den Ausgleich zwischen Geben und Nehmen. Bei Familien hingegen – so haben Untersuchungen gezeigt – darf es zu einem Ungleichgewicht zwischen Geben und Nehmen kommen. Auch wenn es Auseinandersetzungen darüber gibt, so ist die Toleranz unter Familienmitgliedern doch größer als im Freundeskreis.

Man stelle sich nur vor, man hätte niemanden mehr, den man lieben darf. Ein furchtbarer Gedanke! Vielleicht ist er hilfreich und lässt einen zur Besinnung kommen, wenn man sich dabei ertappt, sich den Herausforderungen der Familie entziehen zu wollen. Es ist sicher das größte Übel, niemanden mehr zu haben, den man lieben und über den man sich ärgern kann. Wie viel lebendiger und wärmer hingegen ein Leben mit den gewohnten Höhen und Tiefen, Rivalitäten und gegenseitigen Frustrationen eines familiären Rettungstrupps!

Warum sollte man es den wachsenden Märkten überlassen, nicht nur für Nahrung, Kleidung, sondern auch für Beistand, Schutz und Trost zuständig zu sein? Die Chance liegt darin, zu erkennen, dass das, was uns aufrichtet, nicht organisiert werden kann: jene intimen Gesten und Handlungen, die uns retten, jene Herzenswärme der Mutter, die uns beruhigt, die Tasse Kaffee mit der Großmutter, die einem ein Stück Geborgenheit schenkt. Natürlich werden jetzt manche einwenden, sie haben zu viel oder zu wenig Liebe und Trost erfahren, sie seien nicht angenommen worden in ihrer Eigenheit. Aber irgendwann kommt für jeden der Punkt, wo es gilt, Verantwortung für sein Leben zu übernehmen und sich damit abzufinden, wie die Vergangenheit nun einmal war. Sie ist der Stoff, der uns vorgegeben ist. Man kann aus jedem Stoff Neues formen, selbst wenn er hart, farblos oder widerspenstig war. Man muss sich nur auf das einlassen, was einem vorgegeben ist. Wenn ich ihn wie Baumwolle behandle, so kann er vielleicht nützlich sein. Behandle ich ihn wie Seide, so kann daraus etwas Kostbares, Wärmendes entstehen.

Ist da jemand, der mich tröstet? Bin ich allein? Fast jeder, dem man diese Frage vor einigen Jahrzehnten gestellt hätte, musste nicht lange nachdenken. Da gab es die Familie, die Großeltern, Tanten, Onkel, die Cousins und Cousinen. Heute sind einige Millionen Menschen mit ihren Heimcomputer-Netzwerken verbunden und richten ihren Blick in die Ferne: Ist da jemand? Wer hilft mir? Vielleicht sollten wir unseren Blick wieder mehr in die Nähe richten. Oft ist da jemand näher als man ahnt und wartet nur auf ein Zeichen.

Gebraucht werden

In Köln heißt es: „Komm mal bei mich!" um auszudrücken, wie gut es tut, beieinander zu sein. Diese „Beieinander-Qualität" ist in der Tat heilend. Wir wissen, dass jeder Mensch und vor allem der Leidende, wenn man ihm Nähe schenkt, sich wie verwandelt fühlt und dass auch der Gebende sich beschenkt fühlt. Wer kennt nicht dieses befriedigende Gefühl, diesen Glücksmoment, für jemand anderen wichtig zu sein, ihm beizustehen, ihm leben zu helfen? Es lässt einen die eigenen Fragen und Probleme vergessen. Man ist ganz beim anderen und lässt sich sein Leid etwas angehen, vergleichbar mit der Hingabe eines Musikers an sein Spiel, das ihn sich selbst vergessen lässt: Sie macht einen Menschen anmutig und schön. Man wird schön, wenn man sich von sich selbst löst. Man wird unbefangen, wenn man sich selbstvergessen hingibt.

Ich brauche dich – eine klare Bitte, die die Fassaden und Mauern zwischen Menschen einreißt. Gebraucht zu werden, das gefällt den meisten Menschen gut. Es stärkt das Selbstgefühl und wertet auf. Umso schlimmer die Erfahrung „Niemand braucht mich". Im Grunde heißt das, niemand schätzt mich, niemand traut mir etwas zu, niemand erwartet etwas von mir, niemand verlässt sich auf mich, niemand rechnet mit mir. Menschen, die nur sich selbst sehen, schrumpfen auf sich selbst zurück und sind gefangen in den immer nur eigenen Gefühlen. Die Anspannung, mit welcher der Egoismus auf dem Gesicht zeichnet, mag überstrahlt werden durch gutes Aussehen oder höfliche Umgangsformen. Weil wir gar nicht umhin können, uns das Dasein anderer etwas angehen zu lassen, ist es ein Mangel und macht hässlich, kein Herz für andere zu haben. In jedem Fall haben Menschen, denen kein anderes Thema gewährt ist als die eigene Person, ein wirkliches Leiden. Sie müssen sich durch Selbstbezogenheit holen, was anderen ihrer Liebenswürdigkeit wegen zufliegt.

Man wächst, wenn man gebraucht wird, und wenn man andere braucht. Beides ist gleichermaßen wichtig. Es bedarf nur eines kleinen Sprungs über den eigenen Schatten, um zu sagen: „Ich brauche dich!" Wie ein Schatten verfolgt uns nämlich die Tatsache, dass wir aufeinander angewiesen sind. Dieses intuitive Wissen ist für das Zurechtkommen mit anderen wichtiger als jedes Analysieren der komplizierten Bezüge. Vielen fällt es schwer, zuzugeben: Ich brauche dich!, weil man damit eingesteht, dass man nicht allein mit sich auskommt. Vielleicht ist es sogar die schwierigere Lektion, andere zu bitten und in Anspruch zu nehmen, weil viele dies mit Schwäche und Scham verbinden. „Lieber unabhängig sein", „nur keine Nähe zulassen, deren man sich später mühevoll entledigen muss", so lauten ihre Devisen. Aber zeugt es wirklich von Stärke, nur auf sich selbst zu bauen? Ich behaupte das Gegenteil. Das Zugeständnis „Ich brauche dich" ist ein Zeichen von Stärke und von Bescheidenheit und nicht, wie viele meinen, Kapitulation vor sich selber. Der Theologe Fulbert Steffensky spricht sogar davon, dass dieses „Ich brauche dich" eine der schönsten Liebeserklärungen ist, die man machen kann. Es ist ein Zeichen von Vertrauen und Offenheit, ein Geschenk, das nicht nur die eigene Welt, sondern auch die des anderen bereichert.

Ich denke dabei an eine Begegnung mit einem Mann des öffentlichen Lebens, der mir in verblüffender Offenheit seine Hilfsbedürftigkeit und Schwäche offenbarte. Das Bild, das er im Verlauf des Gesprächs von sich gab, enthüllte immer mehr Mängel. Ich entdeckte anschließend bei mir selbst, dass ich keineswegs enttäuscht war, im Gegenteil, meine Achtung vor diesem Mann war noch gestiegen. Es war eine Entdeckung, dass jemand seine Bedürftigkeit enthüllte – nicht prahlerisch bagatellisierend, sondern in der demutsvollen Haltung eines Menschen, der seine Verwiesenheit bejahte und sich ihrer nicht schämte. Der Mann hat den Mut aufgebracht zu sagen: Ich brauche dich!

Zu begreifen, dass der Sprung in dieses „Ich brauche dich!" eine ermutigende Vorlage für den anderen sein kann, gibt uns im alltäglichen Umgang miteinander viel mehr Spielraum. Oft besteht er nur darin, dass wir das erste Wort sprechen, wenn sich die Blicke gestreift haben, dass wir die Kunst der warmen Blicke üben, im Gegensatz zu den vielfach ausgesandten gleichgültigen Blicken in Kaufhäusern, Bahnhöfen, die alle signalisieren „Ich brauch' dich nicht!"

Es braucht Mut, andere zu brauchen und sich brauchen zu lassen. Nicht im Sinne von Selbstbezogenheit oder Selbstlosigkeit, sondern als Haltung, die begriffen hat: „Allein ist man klein". Als Einzelkämpfer stört man den Pendelschlag zwischen der Erfahrung, angewiesen zu sein und gebraucht zu werden. Die Kunst, sich brauchen zu lassen und die Kunst, jemanden zu (ge)brauchen stehen in enger Wechselbeziehung. Keine dieser beiden Künste kann man beherrschen, ohne zugleich auch die andere zu üben.

Der Not Raum geben

Können Sie sich daran erinnern, als Sie einmal die Hilfe eines Fremden brauchten – vielleicht war es ein Taxifahrer, eine Stewardess, ein Mitreisender oder eine Sekretärin? Gab es eine Situation, die für Sie unvergesslich blieb, weil es jemanden gab, der mit Ihnen „zwei Meilen ging", statt der nötigen „einen Meile"? Ich übersetze mir diesen Satz aus der Bergpredigt so, dass es eine Form menschlichen Zusammenseins geben könnte, die der Not des anderen Raum gibt. Ich behaupte sogar, dass wir alle überleben konnten, weil im rechten Augenblick Menschen da waren, die gespürt haben: „Jetzt bin ich gefragt!" Und zwar nicht nur im Sinn gewöhnlicher Freundlichkeit oder Höflichkeit, sondern im Gespür für die Not des anderen, die mehr erfordert, als er zu fragen vermag. Ich spreche von der Fähigkeit hinter den Ausdrucksweisen seiner Signale und Anfragen, seine Not wahrzunehmen. Ihm zu vermitteln, dass es ein Spüren und Fühlen gibt, das über die gewohnte Nettigkeit hinausgeht.

Was geschieht, wenn am anderen Ende des Telefons jemand spricht, der unüberhörbar vermittelt: „Ich bin am Ende", „Ich weiß nicht mehr weiter", „Ich brauche mehr"? Vielleicht fühlen Sie sich verunsichert, unvorbereitet oder hilflos, weil Sie merken, hier bin ich angesprochen, hier geht es um mehr. Es geht wohl darum, einem anderen ein Stück Begleitung anzubieten, bis er sich auf seinem Weg wieder allein zurechtfindet. Manchmal genügt es, wenn man sich nur ein wenig mehr Zeit als üblich nimmt, um dem anderen zu vermitteln: „Ich sorge mich um dich", „Ich höre dir zu", „Sprich dich aus", „Ich habe Zeit für dich". Allein die Tatsache, dass der andere realisiert: „Hier ist jemand, der sich einlässt", kann die Welt für ihn in einem neuen Licht erscheinen lassen.

„Es gibt noch Menschlichkeit", so die Aussage einer Frau, die untröstlich war über den Verlust ihres Reisekoffers und erlebte, wie ein Fremder mit ihr ging, um ihr bei den nötigen Formalitäten zu helfen. Er konnte nicht ungeschehen machen, dass der Koffer weg war, aber er vermittelte ihr durch seine Unterstützung, dass es Menschen gibt, die weit mehr tun, als sie tun müssten. Menschen, die einen nicht im Stich lassen, obwohl sie einem nicht einmal nahe stehen. Allein diese Erkenntnis war für diese Frau ein unvergessliches Geschenk, das ihr weit mehr als jede finanzielle Entschädigung über den Verlust hinweghalf.

Eine andere Frau, die kürzlich aus dem Krankenhaus nach einer Brustoperation entlassen wurde, erzählte, wie sie in einem Restaurant plötzlich von einem fremden Mann angesprochen wurde: „Darf ich Ihnen sagen, dass Sie richtig schön sind!" Obwohl sie im ersten Moment ziemlich überrascht und auch verlegen war, konnte sie dieses Geschenk annehmen. Sie spürte, es kam wirklich von Herzen. Ein Fremder schenkte ihr genau das, was sie nach diesem Eingriff brauchte – ein Stück neues Selbstvertrauen. Es müssen nicht immer die Freunde sein, manchmal kann auch ein Fremder ein außergewöhnliches Geschenk anbieten, wenn wir unser Herz dafür öffnen.

Wer kennt nicht solche Situationen, die einen in die Untröstlichkeit abstürzen lassen, und plötzlich taucht da ein Mensch auf, der einfach da und dabei ist. Der Lehrer, der ein weinendes Kind tröstet, obwohl er eigentlich eine Freistunde hat. Der Reisende, der im Zug einschreitet, wenn ein Ausländer angepöbelt wird, obwohl ihn die Angst zurückhalten will. Der Computer-Fachmann, der seine Arbeit liegen lässt, um einem verzweifelten Kunden aus der Klemme zu helfen und die verloren geglaubten Dateien rettet. Der Gärtner, der nicht nur den Rasen mäht, sondern ein paar Kräuter mitbringt, weil er spürt, dass sein Gartenbesitzer etwas braucht, das ihm „gut tut". Die Putzfrau, die neben ihrer Putzarbeit selbsttätig ein paar Kleidungsstücke bügelt, weil sie weiß, dass eine Reise ansteht. Die Nachbarin, die nicht nur die Blumen gießt, sondern auch einen Kuchen und eine Grußkarte zur Heimkehr hinstellt. All diese Akte übersteigen die normale Freundlichkeit, weil sie dem anderen konkret zeigen: Es gibt mehr als nur Pflichterfüllung, es gibt Menschlichkeit, die das Herz tröstet. Meist sind es nicht die großen Geldspenden von Organisationen oder spektakuläre Gesten, die am dankbarsten aufgenommen werden, sondern diese kleinen menschenfreundlichen Lichtblicke. Ein Lächeln, das ein bisschen strahlender ist, ein Anruf, der spontan kommt, ein befreiendes Lachen im richtigen Moment, ein Händedruck, der etwas wärmer ist, eine Begrüßung, die aufrichtig gemeint ist, oder ein Satz, der auf innere Resonanz stößt und lange nachwirkt. Das sind die kleinen Handreichungen von Seele zu Seele, die uns ermutigen und inspirieren, die Hoffnungsschimmer, die uns beflügeln, weiterzumachen. Das sind die Momente, die uns den Unterschied zwischen purer Zweckmäßigkeit und diesem kleinen bisschen „Mehr" leibhaftig vermitteln. Ihnen verdanken wir die Motivation, das weiterzugeben, was wir erhalten haben.

Wir alle leben von diesen Gesten, weil sie uns trösten und mit der Welt versöhnen. Und weil sie uns zeigen, es gibt Mut und Güte, die Menschen sich gegen ihre Trägheit und Angst abringen. Manchmal übersehen wir diese menschenfreundlichen Lichtblicke, aber unser Herz erinnert sich daran.

Egal was wir beruflich oder privat tun, auf unseren Wegen werden immer wieder Anfragen an uns gerichtet, begegnen wir, wenn wir uns nicht verschließen, immer wieder anderen, die unseren Beistand brauchen. Manchmal müssen wir nur genauer hinschauen, um zu merken: „Hier bin ich gefragt!" Oder wir müssen ein wenig nachfragen, weil wir spüren, hier geht es jemandem schlecht. Oder genau hinhören, weil uns die Stimme des anderen aufhorchen lässt. Allein die Bereitschaft, nicht nur darauf zu achten, was der andere sagt, sondern auch darauf, wie er es sagt und auf das, was er fühlt, macht einen großen Unterschied. Plötzlich kann man nicht mehr einfach zur Tagesordnung übergehen, sondern man spürt: „Ich sollte nochmals nachfragen", „... ihn zur Seite nehmen", „ihm Hilfe vermitteln", „einen Kollegen anrufen, der ihm helfen könnte" oder einfach den Tonfall verändern, damit er sich gemeint fühlt. Mitunter braucht es wirklich nicht mehr als einen wärmeren Tonfall und der andere fühlt die beruhigende Gewissheit: „Ich werde gesehen ... erkannt ... gehört ... verstanden."

VI.
Sich selbst trösten

Leider stehen die Nächsten oder Freunde nicht immer zur Verfügung. Oft ist man allein auf seinen Lebenswegen, gebeutelt von Krisen, Schmerz und Verlusten. Vielleicht weil man nicht will, dass die eigene Not sichtbar wird, oder weil man sich so verhält, dass andere nicht merken können, wie bedürftig man ist. Oder man hat es mit Menschen zu tun, die mit Vorliebe dann durch Abwesenheit glänzen, wenn man sie besonders braucht. Ein flämisches Sprichwort sagt es deutlich: „Wahre Freunde verlassen dich erst, wenn es brenzlig wird." Trost ist ein Geschenk und in der Not zeigt sich, wer da ist – oder eben nicht. „In der Not trennt sich wahrhaftig die Spreu vom Weizen", konstatierte der Publizist Martin Hecht. Das Geschenk des Trostes lässt sich nicht herbeizaubern oder erzwingen. Nicht immer kommt er aus der Ecke, aus der wir ihn erwartet haben.

Es gibt Übergangsräume und Phasen, die arm an Trost und reich an Schmerz sind, die man allein durchstehen muss. Diese kritischen Zeiten gehen gewöhnlich mit dem Erkennen der eigenen Getrenntheit, Einsamkeit und inneren Leere einher. Traurigkeit, Verletzbarkeit, Verzweiflung, Unzufriedenheit, Desorientierung weisen ebenfalls darauf hin, dass ein tiefes Bedürfnis gestillt werden will. Wenn man solchen Gefühlen ausgesetzt und auf sich selbst geworfen ist, dann ist man vor allem auf eines angewiesen: zu wissen, dass man sich auf sich selbst verlassen kann, dass man weiß, wen man an sich hat, dass man sich so akzeptiert, wie man gerade ist. Kurzum: dass man selbst sein bester Freund ist.

Kein Mensch zweifelt daran, dass man aus Begegnungen und Beziehungen Trost und Kraft gewinnen kann. Wenn dies so ist, wird man auch nur aus einer liebevollen Beziehung zu sich selbst Stärke und Kraft schöpfen können. Wie soll man Widerfahrnisse, Verluste, Zweifel, Ungerechtigkeiten überstehen, wenn man nicht im Innersten zu sich selbst steht? Es geht nicht anders: Ich muss mich mögen, wenn mich die anderen vergessen, ich muss mich unbeirrbar und unverdrossen auch mit meinen schwachen Seiten annehmen, wenn mich die anderen kritisieren oder ablehnen und ein ähnliches Vertrauen zu mir haben, wie die, die mich lieben oder geliebt haben.

Wenn ich nicht zu mir selbst stehe, wer soll es sonst tun? Man merkt es einem Mensch an, ob er gut mit sich selbst umgehen kann. Es wirkt sogar ansteckend, wie es in Goethes Faust heißt: „Sofern Ihr Euch nur selbst vertraut, vertrauen Euch die anderen Leute." Einem Menschen, der sich selbst zu trösten vermag, trauen wir auch eher zu, dass er einfühlend mit anderen sein kann. Dies verhindert, dass aus dem vorübergehenden Alleinsein Isolation und totaler Rückzug werden, die in die Untröstlichkeit münden.

Sich selbst der beste Freund sein, kann man lernen. Genauso wie Freundschaft und Liebe durch „Bahnung" im Gehirn bestärkt wird, kann auch Trostfertigkeit als emotionale Qualität gebahnt werden. Das geschieht durch Übung. Man muss es immer wieder üben, sich selbst aufzurichten, statt in Passivität, Lähmung oder Depression zu versinken. Allein der Wunsch und die Bemühung um „inneren Trost", etwa durch meditative Übungen, führt zu neuen Bahnungen, wie jeder es bestätigen kann, der sich über längere Zeit auf einem meditativen Weg befindet. Es geht um die innere Bereitschaft und den Willen, sich selbst gerade in schweren Zeiten ein „schöpferisches Trotzdem" (Hans-Eckehard Bahr) abzuringen. Dies braucht neben dem Üben in Selbstberuhigung eine aufmerksame, geschärfte Selbstwahrnehmung, Selbsteinfühlung und die Entscheidung, sich selbst zum besten Freund zu werden.

Wer sich selbst zum Freund hat, wird sich gerade in schweren Zeiten besonders gut behandeln. Er wird vielleicht sogar spüren, dass er jetzt eine Chance hat, die Pforten nach innen zu öffnen und die Welt der Seele zu betreten. Manche verwechseln diese Pforte mit einem Loch, das sie auffüllen müssen und erkennen die Gelegenheit nicht. So suchen sie nach Ersatzbefriedigungen, Ablenkungen oder Ausflüchten, um das Loch zu stopfen, statt zu fragen: Was brauche ich wirklich? Was nährt meine Seele?

Selbst wenn das Leben schwierig erscheint, ist es wichtig, sich daran zu erinnern, dass etwas in unserem Innern uns am Leben erhält, das uns Kraft gibt. Man könnte es die Liebe oder die Energie zum Leben nennen. Es ist tröstlich, zu wissen, dass sie uns auch in den Abgründen unseres Daseins zur Verfügung steht. Das setzt voraus, dass wir die Fähigkeit entwickeln, in uns selbst zu Hause zu sein und uns freundlich, Schritt für Schritt, anzunehmen. Das heißt, den Schmerz oder die Krise überhaupt erst einmal wahrzunehmen, sie als persönlichen Weckruf zu erkennen und mit all ihren Lähmungen zu erleiden, ohne sie hastig bewältigen zu wollen. Also keine voreiligen Appelle an die Willenskräfte, keinen blinden Aktionismus, kein selbst auferlegtes positives Denken. Einen Freund lässt man auch erst einmal sich ausweinen und klagen, bevor man ihn ermutigt.

Die Antwort auf die Frage: Was brauche ich? liegt für jeden von uns darin, darauf zu achten: Was fühle ich?, um dann weiterzugehen und zu spüren: Was fehlt mir? Welche Wege stehen mir offen?

Sich selbst zum Gefährten werden

In seinem bekannten (berühmten) Herbstgedicht, dessen letzte Strophe so beginnt: „Wer jetzt allein ist, wird es lange bleiben, wird wachen, lesen, lange Briefe schreiben ...", hat Rainer Maria Rilke dies als Alternative, als positive Variante zur Trostlosigkeit anzubieten. Was kann man aus diesem Text lesen? Statt in Passivität, Lethargie und Lähmung liegen zu bleiben, sollen wir aufbleiben und wach sein. Wach im Sinne von: sich auf den gegenwärtigen Moment konzentrieren, sich seinen Gefühlen öffnen, in ihnen weilen und ganz bei sich sein. Das heißt auch, bereit zu sein, in die eigenen Abgründe, Leidenstiefen herabzusteigen und sich dort zu suchen, was man eigentlich vermeiden wollte. Wenn man die eigenen Tiefen durchleidet, durchschreitet und auskostet, geschieht oft das Paradoxe. Man wird wieder lebendig und weich. Dann stellt sich nämlich heraus, dass diese Gefühle einen eben nicht isolieren oder verstummen lassen. Man wird offen und empfänglich für die eigenen Seelenregungen. Man bekommt Zugang zum eigenen inneren Zuhause.

Vielleicht ist das Weinen das erste Zeichen dafür, dass der Schmerz sich lösen will. Das befreit, weil die Gefühle zu fließen beginnen. Es geschieht das Gegenteil von Erstarrung – Weitung. Das zweite, was Rilke darüber hinaus empfiehlt: den Gefühlen einen ersten Ausdruck zu verschaffen. Er spricht vom Lesen und Briefe schreiben. Das ist für mich schon die Öffnung nach außen. Man geht auf einen anderen zu, stellt ihn sich vor, sein Gesicht, seine Sprache und spricht mit ihm. Ein Weg, um aus der Selbstbegegnung wieder in den Dialog einzutreten.

Unmittelbarer scheint mir zunächst einmal die Entwicklung eigener innerer Bilder zu sein. Jeder hat in seiner Geschichte tröstliche Erfahrungen gemacht mit Bezugspersonen oder Nahestehenden. Diese Erfahrungen kann man abrufen, weil sie in unserem Körpergedächtnis gespeichert sind – die zärtlichen Hände der Mutter, die die Tränen abwischte, der Opa, bei dem man auf dem Schoß sitzen durfte, die Tante, die einem heimlich ein Stück Schokolade in den Mund schob.

Auf die Frage: Was brauche ich? kann jeder auf eigene innere Bilder zurückgreifen, die einen dazu befähigen, Mitgefühl mit sich selbst zu entwickeln – so wie das früher andere uns spüren ließen. Wichtig erscheint mir, dass wir gute, heilende Bilder von Beistand entwickeln, die uns mit unseren je eigenen Trosterfahrungen in Verbindung bringen. Eine Frau beispielsweise, die dem Wort wenig abgewinnen kann, erzählte: „Wenn ich traurig bin, dann nehme ich mich selbst in den Arm und stelle mir dabei vor, wie ich das kleine Mädchen, das ich einmal war, umarme." Eine andere beschrieb eine ähnliche Erfahrung: „Ich stelle mir vor, dass ich mir mein inneres Kind auf den Bauch lege, es umarme und sanft wiege. Dann werde ich ganz ruhig und kann wieder schlafen." Und eine andere junge Frau: „Ich stelle mir dann vor, dass ich wieder ein Mädchen bin und bei meiner Oma auf dem Schoß sitze. Dann kommt dieses Gefühl, wie ich meine Arme um ihren Hals schlinge und wie sie mich mit ihren warmen Händen umfasst, und ich fühle mich total geborgen."

Manchmal genügen ein paar tiefe Seufzer, die die innere Anspannung vertreiben. Ähnlich wirkt ja auch die Vorstellung von den inneren Kindern – wir besitzen ja mehrere, das dreijährige, das sechsjährige, das zwölfjährige – die wir in uns gespeichert haben, die uns Zugang zu liebevollen Gefühlen ermöglichen. Mit fortschreitender Erfahrung wird es einem immer leichter fallen, Trost und Selbstannahme zu spüren. Früher oder später wird man auf direktem Weg Zugang zu tröstlichen Gefühlen erlangen, ohne dass man sich ein inneres Kind vorstellen muss.

Menschen brauchen liebevolle innere Bilder, die ihnen helfen, sich selbst das zu geben, was ihnen Not tut. Das können innere Beistände sein, also Personen aus der Vergangenheit oder aus der Gegenwart, mit denen sie gute tröstliche Erfahrungen verbinden – Eltern, Verwandte, Geliebte, Lehrer oder Freunde. Man kann mit ihnen sprechen, sie teilhaben lassen, zu einem Teil seiner selbst werden lassen – wenn auch nur im eigenen Inneren. Was wir innerlich schauen können, wirkt auf uns zurück.

Ich werde nie das Bild der Frau im Zug vergessen, die tränenüberströmt ins Abteil kam. Nach einer Weile hellte sich ihr Gesicht auf, sie begann plötzlich fast unmerklich vor sich hin zu lächeln. Ihre Augen schienen ins Unendliche gerichtet. Sie war weit weg, aber ich konnte fühlen, sie war nicht allein. Ich kann es nicht beweisen, aber ich konnte es an ihrem Gesicht ablesen, dass sie mit einem gütigen inneren Beistand in Kontakt war. Ihr Gesicht strahlte plötzlich von innen heraus und aus ihren Augen blitzte wieder ein Funke Zuversicht, als hätte sie ein gutes Wort oder eine tröstliche Geste empfangen.

Ein weiterer Weg, sich selbst zu trösten, ist das Tagebuchschreiben. Gegen den Kummer anzuschreiben, das Alleinsein in Worte zu fassen, ist ein schöpferischer Akt. Man gibt sich selbst Ausdruck – eine Botschaft an sich selbst über sich selbst. Warum Tagebuchschreiben? Um sich nicht in der Einsamkeit zu verlieren? Um einen Gefährten zu haben? Um Schwieriges zu meistern? Um sich zu spüren? Sicher trifft all dies zu, aber es ist mehr. Man wird sich selbst zum Gefährten. Man tritt mit sich selbst in einen intimen Dialog ein, der eine Brücke schlägt zwischen innen und außen. Man ist nicht mehr verloren. Man sucht und ortet sich, weil niemand sonst da ist, der einem sagt: „Ich weiß, wo du gerade bist." „Tagebuch schreiben ist eine Medizin", meinte ein Arzt, „weil man sich anvertraut, und Dinge sagt, die man nicht einmal der eigenen Frau offenbaren würde". Und – weil man sich überlisten kann, indem man sich Mut zuspricht, wenn kein anderer einen ermutigt.

Auch das eigene Gedicht kann ein Weg sein. Immer häufiger erlebe ich, dass junge Menschen mit ihren Gedichten zu mir kommen. Gedichte wie auch Tagebücher beschwören, was nicht vorhanden ist. Sie wirken gegen das Vergessen. Beide sind schöpferische Wege des Zusichkommens, des Nachfühlens und Vertiefens, des Distanzgewinnens und Verarbeitens, des Ertragens und Überlebens und des Trostes. Rilkes Herbstgedicht zeugt davon. Auch wir können uns wachend, lesend, schreibend über dunkle Zeiten hinweg trösten.

Seelenwärmer und Schmerzstiller

Warum ist es für viele so schwer, sich selbst zu trösten? Warum gibt es für manche den Griff zur rosa Pille? Weshalb sprechen Menschen immer wieder davon, dass es ihnen leichter fällt, andere zu trösten? Was gilt für Sie? Schreiben Sie Tagebuch? Briefe? Gedichte? Suchen Sie die Stille? Spaziergänge im Wald? Belohnen Sie sich? Oder bemitleiden Sie sich?

Natürlich sind die erwähnten Trostmittel nicht die einzigen Möglichkeiten, sich selbst zu trösten. In meiner therapeutischen Arbeit frage ich immer: „Wann haben Sie aufgehört zu singen? Wann haben Sie aufgehört zu tanzen? Wann haben Sie aufgehört Geschichten zu erzählen? Wann haben Sie aufgehört die Stille zu suchen?" Wann haben Sie aufgehört in den Wald zu gehen?"

In sämtlichen Kulturen sind diese kreativen Quellen die Trostquellen schlechthin. Sie sind durch die Sinne unseres Körpers – sehen, hören, tasten, schmecken, riechen – in uns angelegt und warten nur darauf, genutzt zu werden. Gerade in Krisen neigen wir dazu, sie zu vernachlässigen, weil wir von negativen Gefühlen besetzt sind. Aber gerade Krisen verlangen nach Ausdruck und guter Fürsorge. Man könnte sich fragen: Wie würde eine gute Mutter oder ein guter Freund jetzt mit mir umgehen? Vielleicht liegt gerade in schweren Zeiten, die uns auf uns selbst zurückwerfen, die Chance, uns daran zu erinnern, dass wir einst „kleine Künstler" waren, die gesungen, geträllert, getanzt, erzählt und gestaunt haben. Ich bin überzeugt, dass diese schöpferischen Gaben sich wie blühende Pflanzen dem Licht entgegenstrecken, wenn wir sie pflegen. Aber das hieße eben, ein paar Veränderungen im Umgang mit uns selbst anzugehen. Und da selbst positive Veränderungen Widerstand erzeugen, weil wir lieber in den alten vertrauten Mustern verharren, braucht es ein wenig Mut und Neugierde, um über den eigenen Schatten zu springen.

Es braucht keine großen Sprünge, anhaltende Veränderung geschieht ohnehin meist in kleinen Schritten, die wir üben und wiederholen. Dazu bedarf es erst einmal einer persönlichen Inventur: Wie einfühlsam gehe ich mit mir um, wenn ich Trost brauche? Wie belohne ich mich, um mein inneres Gleichgewicht wieder herzustellen? Wie schütze ich mich vor den Unfreundlichkeiten des Lebens? Wie beruhige ich mich, wenn mein Herz flattert?

Sich selbst im guten Sinne zu trösten, hängt mit Selbstachtung zusammen. Diese wiederum hängt von der Fähigkeit ab, sich selbst dazu zu bringen, das zu tun, was man braucht. Ich betone: was man braucht und nicht was man will. „Wollen – da würde ich meine Schokoladenvorräte vertilgen, Micky-Maus-Hefte verschlingen, oder die Kombination von Schokolade und Micky Maus", so die Reaktion einer Studentin auf die Frage nach dem Unterschied zwischen brauchen und wollen. Nichts gegen Schokolade, aber sie bringt die Seele nicht in Bewegung. Sich für sich selbst zu engagieren, zu spüren, wo man sich mit Leib, Hirn und Seele gerade aufhält, macht Mühe. Eine Mühe, die sich lohnt, weil man das tut, was man braucht und dadurch in die eigene Kraft kommt. Und gelegentlich macht sie auch Freude, wie im Fall einer Klientin, die sich eine Kiste „Für alle Fälle" zugelegt hatte, in die sie ein paar Edelsteine, Gedichte, Briefe und Geschichten deponierte, die sie immer dann hervorholte, wenn ihr nicht zum Lachen zumute war. Eine schöne Idee, die man aufgreifen könnte!

Warum nicht ein eigenes „Trostdepot" anlegen mit Zauberworten, Seelenwärmern und anderen Schmerzstillern? In dunklen, einsamen Stunden könnte es nützlich sein, auf seine Schätze zurückzugreifen, um die Orientierung nicht zu verlieren. Achten Sie bei der Auswahl Ihrer Tröster ausnahmsweise einmal nicht darauf, was der Kopf sagt, sondern der Bauch: „Was brauche ich wirklich?"

Das innere Zuhause

„Mein inneres Zuhause", sagte eine Klientin, „ist mein Bett, in dem ich so oft geweint habe." So hat jeder seinen Ort, mit dem er eng verbunden ist, wegen der Erfahrungen, die sich daran knüpfen. Ein solcher Ort ist für einen Kollegen sein Auto, in dem er auf seinen langen Fahrten innere Dialoge führt und mit sich zu Rate geht, fern von Telefon, Internet und allem, was seine Selbstgespräche unterbrechen könnte.

Tröstende und verletzende Orte, lachende und weinende Orte, beruhigende und bedrohliche Orte, heilende und kränkende Orte. Wir bewahren sie alle in unserem Leibgedächtnis auf. Alle Orte bleiben in uns, sie sind gleichsam wie Fixpunkte, an denen unsere Seele haftet. Sie symbolisieren durchlebte Atmosphären, Stimmungen und Gefühle. Jean-Jacques Rousseau spricht von der Suche nach den „Orten der Zugehörigkeit". Sein Trost war die Natur. Auch sie kann ein Ort sein, den wir unseren Gefühlen gemäß besetzen, entweder als geliebten, vertrauten, beruhigenden oder inspirierenden Ort.

Mein Ort, das ist auch alles, was mich ausmacht, was zu mir persönlich gehört. Ich nenne diesen Ort mein „inneres Zuhause". Meine innere Welt von Bildern, Eindrücken und Praktiken, die Refugium und Trost zugleich sind. Die Musik, die mich immer wieder berührt, die Bilder, die ich in mir trage, meine geliebten Verszeilen, meine starken Schultern, mein innerer Baum, an den ich mich anlehnen kann, die Wiese meiner Kindheit, auf der ich mich mit der Erde verbinde, mein Gärtchen in mir, in dem jede Blume ihre Geschichte hat, meine innere Kirche, mein heimliches Versteck, meine Bank, meine Hütte, meine Psalmen und mein Gebet, die mir Aufgehobensein vermitteln. In mein inneres Zuhause kann ich immer wieder zurückkehren als Ort, der unverrückbar und unzerstörbar existiert jenseits von Umbruch und Wandel, jenseits von Kummer und Leid. „Für mich ist es mein innerer

Berg, von dessen Gipfel aus ich all das betrachte, was mir Sorgen macht. Von da oben sehe ich alles ganz klar, aber weit weg", erzählt eine Bäuerin, die als Kind in einem schweizerischen Bergdorf aufgewachsen ist und schon früh gelernt hatte, sich in die Berge zurückzuziehen, wenn sie sich vor lauter häuslichen Pflichten vernachlässigt gefühlt hatte. Für sie war es wichtig, einen Ort zu haben, der ihre Hoffnungen und Wünsche aufbewahrte und der ihre Sorgen in die Distanz rückte: „Alles liegt ganz weit weg".

Als Ort, der alles trägt, beschrieb eine 98-jährige Dame ihr Trostbild: den Fluss. „Nichts bleibt, wie es ist, sagt mir mein Fluss. Auch das Schlimme geht vorüber. Bald werde auch ich in den Fluss steigen und ins große Weltmeer eintauchen, wo ich mit allem verbunden bin, was ich hier oft so schmerzlich vermisst habe. Ich kann mich dem Fluss überlassen. Ich vertraue ihm."

„Für mich ist es die Stille, die mit einem Tor beginnt, das in meinen inneren Ort führt. Wenn ich durch dieses Tor eintrete, lasse ich alles zurück, was mich sorgt und schmerzt. Ich setze mich einfach der Stille in mir aus und dann stellt sich dieses Gefühl von ‚angekommen sein' ein, das mich ganz ruhig und sanft macht", so der Einblick einer Seelsorgerin, die mit der Zeit gelernt hat, „zärtlich liebend" – wie sie sagt – mit sich umzugehen.

„Wenn ich mich wieder mal wie ein ‚Waisenkind' fühle, lege ich meine Gefühle in den Atem. Ob das Trauer, Wut, Sehnsucht oder Verlassenheit ist, ich lasse sie furchtlos aufsteigen und atme mit ihnen. Und plötzlich werden sie wie meine Freunde, die mir etwas zu sagen haben. Dann fühle ich mich nicht mehr einsam", so eine Abiturientin, die im Alter von zehn Jahren adoptiert wurde.

„Ich habe Farben in mir, die mich daran erinnern, was ich bin und was mir allein gehört. In meinen Farben steigen meine Gefühle auf, die ich sonst niemandem zeige. Meist male ich dann ein Bild und dabei komme ich wieder zu mir", beschreibt ein Schüler sein inneres Zuhause.

Was haben diese Beispiele gemeinsam? Bei ihnen geschieht etwas, das man als Überschreitung oder Transzendenz bezeichnen könnte. Eindrücke werden zu Ausdruck, Gefühle werden ausgelebt, Probleme werden relativiert. Die Einzelnen haben Zugang zu ihrer Einbildungskraft. Es gelingt ihnen, loszulassen und in die Welt der inneren Bilder einzutauchen und teilhaftig zu werden an dem, was ihnen heilig ist, was sie trägt und tröstet.

Manche nehmen es wörtlich, und richten sich einen Ort ein – sei es nur ein Winkel, ein bestimmter Sessel, ein Versteck, den sie ausstaffieren mit Symbolen und lieb gewordenen Erinnerungen –, der Aufgehobensein und Trost verspricht. Allein schon das Wissen um dieses persönliche Zuhause, in das man sich jederzeit flüchten kann, entlastet und gibt Halt. Das Verweilen dort schenkt Geborgenheit, Einfachheit. Man muss nicht überlegen oder stark sein. Hier darf man einfach sein. Ein schönes Beispiel dafür lieferte mir ein Nachbarsjunge, der sich eine Baumhütte gebaut hatte. Wann immer er Streit mit seinem Vater hatte oder sich unverstanden fühlte, kletterte er auf seinen Baum und saß in seiner Hütte, umgeben von lieb gewordenen Steinen, Federn, Muscheln und baumelte mit den Beinen. Wie er sich dabei fühle, frage ich ihn. „Wie ein Vogel, der jederzeit wegfliegen kann." Allein dieses Gefühl des Fliegenkönnens war für ihn Trost genug.

Verabredung mit dem Leben

Es gibt Momente, da ist man ganz bei sich. Die Zeit steht still. Man nimmt sich und seine Umgebung wahr und fühlt sich vielleicht gar im Einklang mit dem größeren Ganzen. Das sind die Momente, die der vietnamesische Zen-Meister Thich Nhat Hanh als „Verabredung mit dem Leben" bezeichnet. Und es gibt Zeiten, da läuft alles an einem vorbei. Man fühlt sich enttäuscht, deprimiert und bemitleidet sich selbst. Man tut das, was man eigentlich von anderen erwartet, dass sie einem sagen, wie schwer man es hat, wie arm man doch eigentlich dran ist. Und man wundert sich, dass man, obwohl man schon eine ganze Weile erwachsen ist, Opfer von Rückfällen mit Gummibärchen, Sahnetorten und Fernsehen am Vormittag wird. Das bezeichnet man dann als Alltag oder als den sogenannten normalen Wahnsinn. In solchen Phasen achtet man weder auf sich, noch auf das, was um einen herum geschieht. Man taumelt durch den Alltag und ist außer sich.

Wenn man nun nicht zu denen gehört, die sich mittels Yoga, autogenem Training, fernöstlicher Meditationspraxis wieder in die eigene Mitte bringen und zurechtrücken können, was bleibt dann? Man will sich ja nicht abhanden kommen, indem man in grenzenloses Selbstmitleid verfällt, wehleidig jammert oder sich mit Süßem belohnt und dabei ein schlechtes Gewissen riskiert. Und man kommt sich manchmal schneller abhanden, als man denkt.

Ein Lehrer, der sich gerade von seiner Frau getrennt hat, gönnte sich eine Auszeit an seinem Lieblingsort im Allgäu. Er nahm weder die Umgebung wahr, noch realisierte er, dass er abends dem Alkohol mehr zusprach, als gut für ihn war, bis die Wirtin ihn plötzlich am Ärmel zupfte: „Hallo aufwachen, Sie sind in Isny." Diese Einsicht erreichte ihn. „In dem Moment war es, also ob meine Seele endlich angekommen wäre."

Wer seinem Leiden nicht noch Unnötiges hinzufügen will, braucht eine Zuflucht. Nicht Zerstreuung hilft gegen Leid, sondern Sammlung. Das heißt bewusst im Hier und Jetzt im Alltag leben. Oder in Thich Nhat Hanhs Worten: „Dann sind wir offen für dessen Wunder und können auch mit möglichen Schwierigkeiten umgehen …"

Sammlung kann man jeden Tag üben. Man fängt an, etwas zu tun, das man mit den Händen greifen kann. Eine Schublade aufräumen, einen Schrank, einen vernachlässigten Ordner, ein Zimmer. Die Wirkung ist unmittelbar, man fühlt sich wohler, mehr bei sich. Sammeln kann man sich bei einfachen Alltagsarbeiten, beim Pflanzen von Kräutern, Blumen, Bäumen, bei der Pflege von Möbeln, weil die Seele dabei ruhig wird und die Muße hat, nachzudenken und über die Dinge zu sinnen und sich Tröstlichem zuzuwenden.

Auch Seneca spricht davon, dass wir das Leid und den Kummer begrenzen und gegenwärtig, „standhaft" sein sollen. In seiner Trostschrift für Marcia nennt er es: „Das Boot nicht dem Sturm überlassen", also den aufwühlenden, überflutenden Emotionen, sondern das „Steuer fest in der Hand behalten". Das Leben meistern auch in schlechten Zeiten, indem man Wanderungen in freier Natur unternimmt, damit die Seele sich in frischer Luft kräftige und aufrichte, das ist sein Anspruch und Rat. Vielleicht klingt er banal, aber in regelmäßiger Praxis ist er von unschätzbarer Wirksamkeit.

Spaziergänge, Ausdauersport, sinnvolles Tun sind keineswegs als verdrängende Ablenkung zu sehen. Das Ziel Senecas, sich kurze Zeit seinen unvermeidlichen traurigen Gefühlen hinzugeben, um sich dann wieder aufzurichten, könnte auch für uns ein Wegweiser sein. Indem man die Gedanken auf Gegenwärtiges, Wohltuendes richtet, geschieht Hinwendung zum Leben und Konsolidierung der eigenen Person. Man fasst sich wieder, beruhigt sich und gewinnt ein Stück Beruhigung und Seelenstärke. So wird einleuchtend, dass man tatsächlich ständig eine Verabredung mit dem Leben hat. Und dass sich nicht in Ausflüchten verliert, wer sie einhält. Es könnte ja so einfach sein, wenn es nicht so schwierig wäre.

Bitte Glückscocktail ausschütten!

Von den Schauspielern können wir es lernen. Sie tun es professionell. Sie rufen bestimmte Gefühle und Stimmungen hervor, indem sie eine bestimmte Mimik aufsetzen. Diese Kunst der Selbstbeeinflussung können auch wir üben. Wenn also Ängste, Traurigkeit oder Unbehagen aufkommen und niemand da ist, der uns aufrichtet, können wir selbst gegensteuern und aktiv ein beruhigendes Wohlgefühl aufrufen, indem wir unseren Gesichtsausdruck „umstimmen".

Diese Idee ist nicht neu. Schon Seneca gab die Anregung: „Nimm einen deiner Seelenstimmung nicht entsprechenden Gesichtsausdruck an ...".

Schneller als jedes Wort wirkt unsere eigene Mimik auf uns selbst zurück. Weil alle Prozesse von Körper und Gehirn hochgradig rückgekoppelt sind, kann die Maschinerie des Glücks auch rückwärts laufen. Kurzum: Wer lächelt, gibt sich selbst ein Signal für Entspannung und Beruhigung. Wo eben noch verkniffener Mund, angespannte Miene, hoher Muskeltonus, Verhärtung waren, herrscht plötzlich Weitung. Die siebzehn Muskeln, mit denen man sein Lächeln inszeniert, melden an das Gehirn: Bitte Glückscocktail ausschütten! Es lohnt sich also. Selbst wenn das Lächeln zunächst einmal ein aufgesetztes ist. Das macht nichts, sagen die Hirnforscher, der kleine tröstliche Opiatrausch kommt auf jeden Fall. Allein dieses lächelnde Spiel von Mund und Auge verspricht Entwarnung: Du kannst entspannen!

Selbst wenn man nichts zu lachen hat, der beste Weg aus dem Dilemma bleibt das Lächeln. Dass Lächeln ein Ausdruck von Stärke und Vertrauen ist, mit dem man sich selbst anstecken und trösten kann, wissen immer noch zu wenige. Immerhin ist ein Lächeln die kürzeste Verbindung zwischen zwei Menschen. In Indien gibt es Lachschulen, die viele Lernende anziehen, und auch die Psychotherapeuten setzen die regulierende Kraft positiver Gesichtsmimik zur „Umbahnung" belastender Affekte ein. Dass wir uns besser fühlen, stärker und optimistischer, wenn wir eine freundliche Mimik aufsetzen, das können uns die Hirnforscher belegen. Wer lächelt, wird sofort belohnt. Unsere linke, emotionsstarke Hirnhälfte wird mit sauerstoffreichem Blut versorgt, Glückshormone werden ausgeschüttet. Wir fühlen uns automatisch besser. Von den vielen möglichen Arten zu lächeln funktioniert allerdings nur eine: über beide Backen, wie bei einem Anfall spontaner Heiterkeit.

Neben dem Freundlichkeitsausdruck „Lächeln" gibt es noch zwei weitere Emotionen, die ebenfalls eine positive, beruhigende Wirkung haben. Ich spreche von der Neugier und der Gelassenheit. Beide stimmen uns erfolgreicher um als Worte, noch ehe wir überhaupt Worte gefunden haben. Man kann sich selbst mit Selbstvertrauen aufladen, wenn man einmal statt des engen, verschlossenen Gesichtsausdrucks das Gefühl der Neugier aufruft. Man hebt die Augenbrauen, runzelt die Stirn, hält die Augen weit offen, richtet sich auf und bewegt sich, am besten begleitet von dem Gedanken: „Ist ja interessant, was da gerade in mir abläuft! Da will ich doch mal näher hinschauen!" Oder wenn man sich ängstlich und verlassen fühlt, kann man sich dazu bringen, diese Gefühle bewusster wahrzunehmen: „Ach, ängstlich und verlassen – wie interessant!" Also das Gefühl nicht beurteilen oder als „schlecht" bewerten, sondern einfach wahrnehmen und sich dorthin treiben lassen, wohin das Gefühl will. Vielleicht führt es in den Körper, wo eine Verspannung sitzt, oder es bringt alte Erinnerungen zurück. Egal, wohin es führt, Einsichten ergeben sich von selbst, wenn sie nötig und hilfreich sind.

Die Neugierhaltung zeigt Überlegenheit und stellt Abstand zu den Zwängen und den kreisenden Gedanken her. Statt verstrickt in die eigenen Gefühle, geht man ein wenig in die Distanz und beobachtet sie. Aus dieser engagierten Distanz ist man wieder in der Lage, seine Gefühle zu steuern und wird offen für neue Gefühle.

Emotionale Atmosphären stecken an. Leicht lässt sich das nachvollziehen, wenn man sich vorstellt, wie jemand mit angespannter, finsterer Miene den Raum betritt. Man friert. Und umgekehrt, wenn jemand Gelassenheit ausstrahlt, wird man automatisch selbst gelöster. Nicht nur von außen, auch von innen durch die eigene Mimik kann man Gelassenheit auslösen. Die Mimik der Gelassenheit kann man einüben. Man braucht nur die Augen und den Kiefer zu entspannen und sich dabei gedanklich unterstützen. Manchmal genügt nur ein Wort: „Loslassen". Das beruhigt und macht gelassen.

Freundlichkeit, Neugier, Gelassenheit – das sind die drei Gesichtsausdrücke, mit denen wir uns selbst Ermunterung und Beruhigung schenken können. Aber wie jede Kunst, man muss sie üben, bis sie eines Tages zum selbstverständlichen „Reiseproviant" wird. Aber ist es nicht ein befriedigendes Gefühl, zu wissen: Ich kann mich selbst regulieren! Ich kann mich selbst trösten!

VII.
Seelentrost

Wer die eigenen Trostquellen kennt, hat es leichter, sich mit dem Schicksal, den Menschen und dem Leben auszusöhnen. Härte, Unnachgiebigkeit, Unerbittlichkeit, Verbitterung – Phänomene, denen wir überall begegnen, wo Leid und Hoffnungslosigkeit herrschen – tendieren zur „Engung" (Schmitz 1989). Sie können zur „Weitung" hin geöffnet werden durch Trostquellen, die Menschen wieder „weich" machen. Man stelle sich nur ein Konzertpublikum vor. Es ertönt das „Kyrie" aus Bachs h-moll-Messe. Töne funkeln, Akkorde strahlen. Die Zeit steht still. Die Gesichter werden weich und beginnen zu leuchten. Ein Wunder, das sich immer wieder ereignet, wo Bachs tröstliche Musik erklingt. Trost weitet. Trost macht weich!

Es gibt neben der Musik weitere Trostquellen – Natur, Tiere, Literatur, Malerei, Tanz, Kulinarik – die alle eines gemeinsam haben: Sie versöhnen uns mit dem Leben. Sie erlauben uns ein Zusammensein mit jemandem, mit etwas, in etwas. Menschen, die zurückkehren zur Natur, den Geschichten, den Tönen, den Bildern und Tänzen, begegnen sich selbst und anderen in besonders intensiver Weise. Ob es regnet oder schneit, nach einer Beerdigung, bei Einsamkeit, Liebeskummer oder Seelenschmerz – diese Trostquellen geben seit je her Hoffnung, entlasten, erleichtern, lindern. Um eine Anleihe bei der Theologie zu machen, sie transzendieren die zeitweilige Schwere unseres Daseins, geben uns Fülle und heben uns heraus aus dem Grundton des Mangels.

Ich nenne sie „Himmelsleitern", weil sie uns nach oben denken lassen, leichter machen und der Schwerkraft des Alltags ein Schnippchen schlagen lassen. Und schließlich steigern sie den Sinn für gutes Denken und bereichern mit der Erfahrung, dass diese Erde auch ein freundlicher, tröstlicher Ort sein kann. Gutes Denken führt zu gutem Leben.

Musik – Atemholen der Seele

Musik verheißt einen besseren Zustand des Seins. Deswegen suchen so viele Menschen Trost in der Musik. Wer sich ihr anvertraut, kann erleben, wie sie wärmt, wie sie einem tröstend durchs Haar streicht, sanft umarmt oder auch die starke Schulter bietet. Welche Musik ist prädestinierter dafür als die von Johann Sebastian Bach? Seit 256 Jahren tot, ist er lebendig wie nie. Seine Werke berühren die Herzen unmittelbar und werden in der ganzen Welt gespielt. „Er steht für etwas Größeres in uns", spürte der Geiger Yehudi Menuhin.

Mich berührt nicht nur sein Umgang mit dem Tod, der ihm Kinder und Frau nahm, sondern auch, wieviel Kraft er aus seinem wahrhaftigen Glauben ziehen konnte. „Ich habe genug", heißt es in einer Kantate, „ich freue mich auf meinen Tod, ach hätt' er sich schon eingefunden". Ein befreiendes, fast heiteres Finale. Als könnte alles nur besser werden. All das spricht aus seiner Musik. Deshalb kann sie tiefen Trost spenden.

Warum kommen einem die Tränen bei schönen, ergreifenden Stellen in der Musik? Und vor allem in zunehmendem Alter häufiger? Ist es ihre Schönheit? Oder Vergänglichkeit? Oder beides zusammen? Wir sind gerührt, weil wir noch nicht so sind, wie diese oder jene Musik es verspricht. Aber wir spüren, wie es sein könnte. Der Trost dieser klanglich erzeugten Empfindungen ist in Worten nur schwer fassbar. Aber bei der Musik, die uns weit und weich macht, geht es um mehr als nur um schöne Melodien und Harmonien. Sie überschreitet die gegebene Welt auf etwas anderes hin, was als Geborgenheit, Glück und Gelingen bezeichnet werden könnte. Das Wissen, dass wir diese Fülle so selten erreichen oder immer wieder verlieren, sie jetzt aber gerade hörend empfinden, kann uns zu Tränen rühren.

Wie den Schmerz, die Trauer lösen, als durch die Musik, die uns vermittelt, das Dunkle ruhig stehen zu lassen, weil es auch in ihm Segensspuren gibt, die man nicht missen möchte? Wie nahe sind wir dieser Haltung? Jeder, der im gesammelten Schweigen Musik hört, wird in der Regel ruhig und still. Vielleicht empfindet er sogar diese Klänge als kostbar, weil sie ihm Abstand gewähren und das eigene Leben neu innewerden lassen. Musik – das Atemholen der Seele. Vielleicht ereignet sich dabei das, was Marcel Proust als Ziel seines gewaltigen Werkes „Auf der Suche nach der verlorenen Zeit" genannt hat: die Umwandlung in „ein wenig Zeit im Reinzustand". Oder anders gesagt, der Eintritt in die eigentliche Zeit, aus der man, verändert und gewandelt, wieder in die alltäglichen Aufgaben zurückkehrt.

Musik nimmt den ganzen Menschen. Sie erlaubt keine halben Sachen. Sie mobilisiert Empfindungen, die ausschließlich ihr vorbehalten sind, wenn wir uns ihr hingeben. Man könnte sagen, die Hoffnung auf eine bessere Welt liegt in der Musik und in unserer Bereitschaft, sich berühren zu lassen. „Musik reißt mir das Herz auf, jeden Tag aufs Neue", so erlebt es eine schwerkranke Frau. Und ein Psychologe nannte sie „meine emotionale Wärmflasche", wohl um zu verstehen zu geben, dass er eine gewisse Behaglichkeit mit der Musik verbindet.

Der Trost, der in der Musik liegt, ist nicht ein Trost, der rührselig macht, sondern aus der Verhärtung löst, weich macht und damit wärmer, menschlicher. Und wir wissen, dass dieser Trost daher rührt, dass die Musik uns dafür sensibilisiert, wie wir sein könnten, weil wir noch nicht so sind, wie sie es verspricht. Sie gibt hörbare Zuversicht, dass wir einmal so sein werden. Nicht aus Optimismus oder Ignoranz, sondern weil sie unsere Hoffnungssuche wach hält.

Lesen – Heilstätte der Seele

Ist es ein Trost, lesen zu können? Ist es ein Verlust, wenn wir nicht mehr lesen? Natürlich kann man es als radikaler Nichtleser oder Nichtleserin weit bringen. Schwieriger wird es, wenn man wie gewisse Fundamentalisten nur ein einziges Buch gelesen hat, sei es der Koran oder die Bibel. Denn erst das Lesen vieler Bücher lässt uns in alle möglichen Welten und Gefühle eintauchen. Ich behaupte sogar, dass man sämtliche Gefühle lesend erfahren kann. Und dass ein gelesener Satz das eigene Leben verändern kann.

Am Portal der antiken Bibliothek von Alexandria stand „Heilstätte der Seele". Die Geschichte des Lesens ist eine Geschichte der Hoffnung und der Zuversicht – so wie die Liebe. Lesend begeben wir uns von der persönlichen Realität in die Realität der Erfahrung, die eine andere Person für uns vorgestellt und geschaffen hat. Eine Welt, die anders, möglicherweise realer, schöner oder wahrer ist als die, in der man sich selbst befindet. Aus sicherem Abstand entdeckt man womöglich Wahrheiten über sich selbst, die man zuvor nicht gekannt hat.

Bücher entfernen uns nicht aus der Realität, sie verankern uns in ihr. Es entsteht eine Art Rückkoppelung, weil man das, was man liest, stets mit den eigenen Erfahrungen vergleicht. So erscheint all das, was man selbst erlebt, erfahren, gesehen und gefühlt hat, nun klarer. Nicht selten entdeckt man, dass man es mit dem eigenen Leben doch ganz gut getroffen hat und zieht seine Schlüsse daraus. Insofern sind Bücher eine Art Daseinssteigerung. Man sieht nicht nur klarer, sondern kann sich auch probeweise mit Menschen und Erfahrungen auseinandersetzen und lernt dabei, sich selbst zu erfassen, zu begreifen und zu verstehen.

Marcel Proust hat das Buch als eine Art optisches Instrument beschrieben, mit dessen Hilfe man letztlich immer nur in seinem eigenen Leben liest. So betrachtet entdeckt man in einem Buch immer sich selbst, Botschaften über sich selbst, an sich selbst, Spuren und Spiegel der eigenen Geschichte. Gefühle wie Schmerz, Wut, Angst, Sehnsucht, Hass, Verlassenheit dürfen sich zeigen und können gleichzeitig abreagiert werden, weil es ja den Held oder Antihelden gibt, der es stellvertretend auslebt. Demzufolge kann das Lesen eine Art Navigationshilfe sein, die uns dabei unterstützt, die Orientierung nicht zu verlieren und sicher durch die Abgründe und Höhen des Alltags zu steuern.

Darüber hinaus sind Bücher eine Art Inventur unseres Lebens. Heraklits Diktum: „Niemand steigt zweimal in den selben Fluss" bestätigt sich, wenn man ein Buch wieder liest. Man liest das selbe Buch immer wieder neu, anders. Manche erträgt man nicht mehr, andere wecken die schönsten Erinnerungen oder machen melancholisch. Man erinnert sich wieder an die Stunden auf dem Sofa, die Leseorgien unter der Bettdecke, an die langen Reisen im Zug, an den Tee als Lesehelfer, an die Leselampe, an das Lesen am Abend, bevor sich der Schlaf in den Text geschlichen hat.

Dann gibt es noch eine Erfahrung, die nur Leser machen: Wer liest, versteht sich darauf, die Zeit anzuhalten. Wie herrlich langsam ein grauer Sonntagnachmittag vergeht, kann nur ermessen, wer ein dickes Buch liest. Die Fähigkeit, seine Gedanken über eine längere Zeitspanne auf eine einzige Sache zu richten, vermittelt etwas, das Menschen, die durch das Internet surfen, sich kaum vorstellen können: Kontinuität. Bildschirme riechen nicht und wärmen nicht. Neue Bücher riechen nach Druckerschwärze, alte riechen nach ihrem Besitzer. „Schon der Duft dieser Bücher", erzählte eine Klientin, die Stunden in einer Klosterbibliothek zugebracht hatte, „wirkt auf meine Bronchitis besser als all diese edlen Heilkuren, die ich hinter mir habe."

Ein Buch trägt nicht nur die Geruchsspuren des Lesers, ein Buch kann eine wahre Fundgrube sein, voll von Randnotizen, Zetteln, Gekritzel, geheimen Telefonnummern, Briefen, Bahnbilletten, Kaffeeflecken, Fettflecken, Kassenbons.

Vielleicht erinnert sich mancher mit dem Buch im Bett an die Zeiten, als die Mutter Märchen vorlas. Die Mutter als Resonanzkörper, die uns das Glück zwischen zwei Buchdeckeln schenkte. Selbst lesend, haben wir uns von dieser Geborgenheitsinsel entfernt. Dafür entdecken wir unsere eigenen Schatzinseln und trösten uns mit unserem eigenen Lese-Leben.

Haustiere – Gefährten der Seele

„Unsere besten Gefährten sind die mit den vier Beinen",
meinte eine Hundefreundin, die die Liebe zu ihrem Hund
als Wunder erlebte und an erste Stelle vor jede Beziehung zu
Menschen setzte. „Seit ich die Menschen kenne, liebe ich meinen Hund", so beschrieb sie ihre Erfahrung. Sie mochte es,
dass er sie bewunderte und meinte: „Für ihn würde ich alles
tun und er auch für mich. Ihm halte ich die Treue, bis dass
der Tod uns scheidet." Alte Menschen haben schlechtere Kar-
ten, sie sind auf die Gnade ihrer Mitmenschen angewiesen.

Jeder, der jemals die Liebe zu einem Haustier erfuhr, hat
es wahrscheinlich schwer, Worte zu finden, die diese innige
Bindung überhaupt beschreiben können. Zärtliche Fürsorge
und Zuneigung zu einem Haustier sind der unmittelbare
Ausdruck jenes Urvertrauens, das sagt: Es ist gut, dass ich
da bin. Mein Tierliebling will mich. Und ich will ihn auch. So
fühlen auch Liebende, die sich einander anvertrauen.

Einen Kopf halten, ein Fell streicheln, eine Pfote ergreifen,
die sich einem entgegenstreckt, das brauchen Menschen, um
die Kraft des Trostes herauszufordern und ihr eigenes Maß
zu finden. Die Mediziner und Psychologen bestätigen, dass
die Liebe, Fürsorge und Zeit, die wir einem Haustier schenken, höchste Pluspunkte für die Gesundheit bringen. Der Puls
wird ruhiger, der Blutdruck senkt sich und die Chance, psy-
chisch krank zu werden, verringert sich. Warum? Tiere können zwar mitmenschliche Kontakte nicht ersetzen, vermitteln
ihren Besitzern aber das Gefühl, gebraucht zu werden. Haustiere wecken unseren Sinn für Verantwortung. Man hat einen
zusätzlichen Grund, fit und verlässlich zu sein, weil die kleinen Lieblinge nicht allein für sich kochen können. Das Wissen, dass sie angewiesen und abhängig sind, ruft selbst bei
Einzelkindern den Pflegeinstinkt wach. Haustiere, wie alles,
was wir pflegen, lenken uns von uns selbst ab, vor allem deswegen, weil ihre Bedürfnisse uns dazu zwingen, aus der

ichbezogenen Starre auszubrechen. Wenn die Katze Futter braucht, dann sind wir erst einmal abgelenkt von der Sorge um das eigene Ich. Und wenn der Hund raus muss, dann hat die negative Stimmung erst mal ein Ende, weil es nur eines gibt: Schuhe anziehen und losmarschieren. Die Freude am flotten Marsch nimmt nicht nur die Luft aus der Depression, auch die Müdigkeit danach schmeckt so viel süßer als jene nach einem Tag voller Kopfarbeit. Das tägliche „Dogging", wie das Spazierengehen oder Walking mit dem Hund genannt wird, ist auch ein ideales Kreislauftraining. So kann der Hund als bester Freund auch helfen, einige Pfunde loszuwerden.

Wer von einer Katze adoptiert wurde, weiß, dass es keine Verstimmung gibt, die so gravierend ist, als dass sie nicht durch ihr Schnurren gelindert werden könnte. Und vor allem eines: Katzen sind höchst versöhnlich. Unsere Unzulänglichkeiten und Schwächen kümmern sie nicht groß, so lange wir Spaß an ihnen haben. Sie warten geduldig, bis wir nach Hause kommen und sind einfach da, wenn es einem schlecht geht. Sie lecken sogar die Tränen, die sonst niemand sehen darf. „Ohne meine Katze hätte ich nie erfahren, was bedingungslose Liebe ist", meinte eine alte, passionierte Katzenfreundin, „ohne sie wäre ich längst nicht mehr am Leben."

Eine an Brustkrebs erkrankte Frau entdeckte für sich, dass ihre Katze für sie tröstlicher war als jedes Gespräch mit Freunden. Sie hatte das Gefühl, dass ihre Katze spürte, wann es ihr nicht gut ging. „Immer wenn ich mich in meinen großen Wohnzimmersessel legte, war es für meine Katze das Signal: ‚Jetzt geht es mir nicht gut!' Dann sprang sie zu mir auf den Schoß, fing an zu schnurren und irgendwann schlief sie friedlich auf meinem Schoß ein." Und eine andere Patientin erzählte: „Ich hatte starke Schulterschmerzen, und wenn ich es kaum mehr aushalten konnte, war plötzlich mein Kätzchen da und legte sich genau auf die Stelle, wo es so schrecklich weh tat."

Im Umgang mit dem eigenen Haustier kann man seine Gefühle kennen und nutzen lernen. Natürlich wird man als stolzer Besitzer eines Haustieres gekratzt, gezwickt oder gebissen. Das nimmt man gern in Kauf, weil Krallen auch ganz zart den Mut aufkratzen können und weil man mehr als reichlich entschädigt wird mit einem Tierchen namens „Trost". Man bekommt Seelenwärme geschenkt, wenn man mit seinem Kater die Probleme des Tages besprechen kann. Wenn man die Sorgen und Kümmernisse des Tages seinem bildschönen Golden Retriever anvertraut. Oder für die Fische im Aquarium sorgt und mit dem munteren Hamster spielt.

Mit Haustieren kann man spielen, streicheln, schmeicheln, knuddeln, balgen, herumalbern, sie liebkosen und verwöhnen. Sie geben es tausendfach zurück, oft mehr als man es sich von Menschen erträumen kann. Hunde sind freundschaftlich, loyal und nicht sonderlich launisch, Katzen sind spontan und leben im Hier und Jetzt. Gibt man ihnen mehr als nur Fressen und Auslauf, so wird man Vertraute und Verschworene in ihnen finden, bei denen jedes Geheimnis sicher aufbewahrt ist. Nicht nur von Zen-Meistern können wir die Kunst des Seins in einer hektischen Welt lernen. Auch Hunde und Katzen können uns zeigen, wie wir Trost und Erleuchtung erlangen. Und wenn es nur die Erkenntnis ist, dass jedes Nickerchen uns diesem Zustand näher bringt.

Natur – Weitung der Seele

Das Geheimnis des Trostes liegt für mich darin, dass man Herz, Augen und Ohren auf etwas Größeres richtet. Woher wüssten wir, wie wir weiter leben sollen, wenn es nicht etwas gäbe, das größer ist als wir? Für den einen ist es vielleicht die nächtliche Betrachtung des Sternenhimmels, der Blick auf einen Weiher, ein steiler Bergweg, die Schönheit der Bäume oder eine bunte Blumenwiese. „Wenn es sich herumspricht, wie leicht man auf gute Gedanken kommt, wenn man ins Freie geht, dann wären unsere Wälder voll von Menschen", so der Kommentar eines Pensionärs. Sehr wahr. Man würde sich wahrscheinlich weniger mit Ersatzprodukten des kleinen Glücks abspeisen lassen, weil man den Trost des Großen, der Natur nicht mehr missen möchte.

Ich spreche nicht von der inzwischen um sich greifenden Versportlichung unseres Alltags, von diesen schweißtreibenden Tätigkeiten, vom Joggen, Aerobics, Rennen und Stemmen, Keuchen und Schwitzen und ähnlichen freiwilligen Selbstpeinigungen. Sie mögen für Hochgefühle im Kampf gegen die eigene Bequemlichkeit sorgen, aber mir geht es um die Begegnung mit der Natur, die uns wieder mit der Seele verbindet und zu den eigenen Sinnen führt – Schauen, Hören, Tasten, Spüren – und damit durchlässig für Sinn macht. Wenn unser Blick auf einen Baum, einen Stein, über das Wasser schweift, wenn wir durch eine weite Landschaft streifen oder eine Runde im Wald laufen, dann kommen wir wieder in Kontakt mit Mutter Erde und damit auch mit uns selbst. Man muss sich beileibe nicht gleich das Herz aus dem Leib joggen, die schlichte aber vergessene Wahrheit lautet: Es ginge uns besser, wenn wir – statt zu rennen – mehr gehen würden.

„Solange ich das Gehen als Fitnesstraining verstand, kam ich nie weiter als bis zur Haustüre. Ich war einfach zu erschöpft, um mich auch noch in meiner Freizeit anzustrengen. Bis es mir eines Tages so hundselend ging, dass ich Hals über

Kopf meine Wohnung verließ und einfach loslief. Ich spürte nur noch meine Füße, den Regen, der gegen mein Gesicht schlug und mein schlagendes Herz. Nach mehr als zwei Stunden kehrte ich wieder heim, ruhig, konzentriert und voller Vertrauen. Seither habe ich keinen Tag ausgelassen. Ich muss raus – und zwar allein und jeden Tag", – so der Kommentar einer Geschäftsfrau.

„Von einem schönen Spaziergang kann ich fast eine Woche leben", erklärte eine alleinstehende Frau, „es wirkt wie Balsam auf meine Seele, vor allem, wenn es mir nicht gut geht." Und da es nicht gerade selten ist, vergeht kaum eine Woche ohne ihren Tröster: „Spaziergang".

Es macht einen Unterschied, ob ich zur selbst auferlegten Leistungssteigerung gehe, aus sportlichen Zwängen, oder ob ich für Herz und Seele gehe. Es gibt verschiedene Motivationen – um Körperfett zu verbrennen, ein kreatives Problem zu lösen, einen Konflikt mit sich selbst oder anderen im Kopf auszutragen, wieder wach zu werden für die Natur, Abstand vom Alltag zu gewinnen, sich zu trösten oder um zu meditieren. Eine Kollegin meinte dazu: „Ich gehe aus all diesen Gründen, aber am meisten mag ich das meditative Gehen. Mit großen, langsamen Schritten konzentriere ich mich auf das Ein und Aus meines Atems, dabei beruhigen sich die vielen Stimmen in meinem Kopf und es wird ganz still in mir."

Hinaus in die Natur zu gehen, befriedigt eines der mächtigsten Bedürfnisse: dazuzugehören und sich aufgehoben fühlen. Hinzu kommt die Botschaft unseres Körpers an uns: Wenn du dich im Freien bewegst – vielleicht bei einem flotten Spaziergang – dann geht es dir verdientermaßen gut. Wir fühlen uns wohler in unserer Haut, sagen wir gern. Genauer hieße es: Wir bewegen uns geschmeidiger, unser Schritt wird federnd, unser Gang wird elastischer, das Zusammenspiel von Muskeln und Gelenken wird harmonischer. Kurzum: Wir werden frei von Zwängen, Spannungen und Belastungen. Wir kommen zu uns selbst. Wir werden weiter und damit zuversichtlicher.

Was vom Grübeln nicht besser wird und auch nicht von Kaffee oder Pralinen, wird im Freien neu durchflutet. Ähnlich wie man es im Urlaub geschmeckt hat: „Ich lebe! Mein Herz pocht, die Beine sind noch kräftig. Ich fühle mich! Ich bin näher an mir dran." Selbst wenn man nicht das Glück hat, in der Nähe eines Waldes zu leben, kann man wenigstens zweimal flott um das Karree laufen oder zwei, drei U-Bahn-Stationen früher aussteigen. Das ist natürlich nicht ganz so belebend wie im Wald, aber es hilft garantiert.

Was ist das, was Menschen in der Natur so tröstet? Zumindest fließen nicht mehr alle Energien in den Kopf – wie in der warmen Stube. Die Ärzte würden nüchtern sagen: „Endorphine" – also körpereigene Opiate – werden freigesetzt. Die Muskeln werden besser durchblutet, die Gelenke wach, das Gehirn wieder frisch, die Augen klarer. Der Körper schenkt die Ahnung, dass man umfassender, erfüllter existieren kann, und das setzt den Pendelschlag des Trosts in Gang. Geh spazieren, geh ins Freie, öffne dich der Natur, der Stille, der Schönheit, mute dir etwas zu, und schon fließt die Rückmeldung in den Adern: Gelassenheit und Zuversicht – die Ingredienzien des Trostes.

Wann zuletzt habe ich mich so wohl und intakt gefühlt? fragt sich der Kopf, der schon lange nicht mehr auf das Rauschen eines Baumes, den Sang eines Vogels, das Sprudeln eines Baches gelauscht hat. Der einfache Entschluss, ins Freie zu gehen, sich bei einer Runde im Wald durchzulüften, bedeutet Erneuerung für Geist, Gefühl und Seele. Während wir meinen, „nur" unseren Körper zur Bewegung zu befreien, geschieht Regeneration all unserer geistigen und seelischen Kräfte. Die Stimmung hellt sich auf, das Selbstvertrauen wächst und das Wichtigste: die Liebe zu uns selbst. Die Natur ist der beste und nächste Helfer, will man sich wieder aufrichten, versöhnlich und gut mit sich sein.

Innehalten – einen Baum umarmen, mit den Händen, Lippen und der Stirn berühren und dabei die Augen schließen. So spürt man die Kraft des Baumes und hat an seinen Träumen teil. Man wird vielleicht selbst wie ein Baum, der in der Erde wurzelt und dessen Krone den Himmel berührt. Solch ein Erlebnis strahlt aus und zieht tröstliche Gedanken an, die sich wie eine Schar Vögel auf unseren Schultern niederlassen. Der modernen Hirnforschung verdanken wir die Beweise, dass dies nicht Poesie, sondern einfach die Wahrheit ist.

Malerei – Schönheit für die Seele

Haben Sie schon einmal Malstifte, Wasserfarben, Ölfarben oder Kreide ausprobiert? Ging es Ihnen auch so, dass Sie dabei voller Hingabe an Ihr Bild alles um Sie herum vergaßen? Und sogar das Gefühl hatten, die Zeit bleibt stehen? Genauso wie Kinder es erleben, wenn sie sich im Spiel vergessen. Jeder kennt diese segensreiche Erfahrung – bei einem Film, einer Liebesaffäre, einem spannenden Gespräch – von Übereinstimmung und vollkommener Einheit mit dem, was man gerade tut. Und jeder hält Ausschau nach solchen Inseln des Gelingens, wo das Gefühl des Einsseins, der Selbstvergessenheit mit der Welt versöhnt. Solche Momente sprechen dem kargen Alltag das Recht ab, sich als definitiv aufzuspielen.

Das sind die Inseln, auf denen wir erkennen: Es gibt mehr. Es gibt wie im Meer eine Oberflächenströmung, die wie die Wellen vergeht und eine Tiefenströmung, die hinter dem Vordergründigen bestehen bleibt. Es gibt Schönheit und Tiefe. Das lehren uns die unzähligen Werke der Malerei. Ich denke beispielsweise an Van Goghs Bilder, seine leuchtenden Farben und die machtvollen Gefühlsregungen, sein Ringen, seine Liebe, seine Wut und die Apokalypse. Ströme von Sonnenstrahlen, die Ausstrahlung eines gepflügten Feldes, die ein Gefühl von Ruhe und tiefer Freude übertragen. Man erlebt etwas, das man einfach fühlen kann. Man muss es nicht verstehen.

Und dann die Bilder, die einen hineinziehen, als würden sie sich vor den eigenen Augen bewegen. Lebendige Formen und Farben, die mit ihren Bewegungen, Gefühlen die eigenen Bewegungen und Erfahrungen erweitern und bestätigen. Hier begegnet man der inneren Substanz von Menschen, die ihre Gefühle für uns eingefangen und festgehalten haben. Keine Philosophie, Religion, Natur. Sie *sind* einfach. Sie bringen unsere aufgeregten Gedanken zum Schweigen und erwecken uns zu neuer Wahrnehmung. Wir brauchen uns nicht selbst bezeugen, ein anderer hat es für uns getan. Und wir finden uns darin wieder.

Man kann mit Bildern allein sein, und wenn die innere Unruhe, die man aus dem Alltag mitgebracht hat, verebbt, dann fangen sie an zu sein und zu sprechen. Bilder können zu uns sprechen, wenn man sich ihrer Ausstrahlung und Kraft aussetzt und nichts dagegen stellt. Sie nicht vereinnahmt oder in Besitz nimmt. Bilder auf sich wirken lassen ist etwas anderes als Nachdenken. Es ist Empfangen und Wahrnehmen und bei sich verweilen lassen, ohne einzugreifen. Eine ähnliche Haltung, die Menschen auch beim Meditieren oder Beten einnehmen. Ob man das Gemälde der Mona Lisa mag oder nicht, es wirkt. Dieses rätselhafte Lächeln zieht einen in den Bann, weil es absolut zweideutig ist. Es war zweideutig, als Leonardo da Vinci es damals malte und so ist es auch heute noch. Lassen wir dieses Lächeln in unser Herz hinein, kosten wir etwas von dieser Schönheit, die uns von außen nach innen aufbaut.

Ich bin überzeugt, wenn wir den Mut hätten, in aller Stille einfach zu malen, ohne jede Theorie, aber in voller Sammlung, wären wir um wesentliche Trosterfahrungen reicher. Zwar gibt es einen selbst und schwere und belastende Gefühle, die uns an der Hingabe hindern. Aber man kann sie überwinden, indem man den einfachen Entschluss fasst, Papier und Stifte in die Hand zu nehmen und sich von dem führen zu lassen, was sich von innen heraus einen Weg nach außen bahnen will. Nicht das Produkt ist entscheidend. Worauf es ankommt, ist die Botschaft, die man über sich selbst an sich selbst gibt. Und die Erlaubnis, die Welt mit anderen Augen zu sehen. Etwas fasslich werden zu lassen, nach außen zu bringen, damit es sich nicht gegen einen selbst richtet. Wie eine Malerin meinte: „Es ist egal, ob man malt, schnitzt oder töpfert. Hauptsache, die kreative Leidenschaft richtet sich nicht nach innen gegen einen selbst, sonst erstickt man."

Kreativität ist nicht nur ein Segen für ein paar wenige Auserwählte. Unsere kreative Natur ist ein integraler Bestandteil unseres täglichen Lebens, sei es im Sprechen, Schreiben oder Malen. Leider leben wir in einer Kultur, die alles bewertet, was wir tun, sei es nun Musik, Literatur oder andere kreative Tätigkeiten. Wir schauen auf das Endprodukt und urteilen, ob etwas als kreativ gelten darf oder nicht, ohne auf die Person zu schauen, die sich darin ausgedrückt hat. Sich von dieser Sicht zu befreien, könnte einen immensen Zuwachs an freien, ungehinderten Ausdrucksmöglichkeiten mit sich bringen. Aus meiner eigenen und beruflichen Erfahrung weiß ich, wenn Menschen den Mut aufbringen, ihrem eigenen kreativen Ausdruck zu trauen, wandelt sich ihre Empfänglichkeit und Offenheit im Alltag grundlegend. Man lernt die Welt mit neuen, frischen Augen zu sehen.

Es gibt also ein Vorfeld großer Kunst. Dazu gehört der schöpferische Ausdruck, den wir unseren Augen verdanken. Der wiederum hängt von unserer Achtsamkeit im alltäglichen Leben ab. Spüre ich mich selbst? Nehme ich wahr, was mich bewegt und berührt? Bin ich empfänglich für die Schmerzen der anderen? Lasse ich mich von ihnen berühren? Wie mache ich mich kenntlich? Wie drücke ich mich aus? Bin ich bereit, meine Gaben einzusetzen?

Es ist tröstlich zu wissen, dass früher Menschen ihre Gefühle und Nöte ausgedrückt haben. Vieles ist verloren gegangen und manches lebt in unseren Museen weiter. Wir müssen nicht alles neu ausdrücken. Es gibt Häuser, deren Aufgabe es ist, die Zeit anzuhalten, in denen die Vergangenheit greifbar ist. Es tut der Seele wohl, wenn wir über unseren eigenen Tellerrand hinausschauen und die Schätze der anderen würdigen. Wenn man weiß, auf welchen Schultern man steht, dann ist das eigene Leid und Weh nicht mehr einzigartig. Es relativiert sich vieles und rückt in sein menschenmögliches Maß. Und man kann sich getrost in Gelassenheit üben.

Sinnesfreuden – Glück für die Seele

Genießer, so könnte man vermuten, seien Glückspilze. Ob sie allein sind, einsam oder untröstlich, nach Pannen, Pleiten oder Pech – der Biss in einen Hummerschwanz und ein Glas Champagner trösten sie über fast alles hinweg. Zweifellos haben sie die Gabe, über der Köstlichkeit einer Käsesorte die undelikate Umwelt zu vergessen. Möglicherweise verhilft ihnen eine getrüffelte Poularde sogar in der tiefsten Verzweiflung zu vorübergehendem Sinnestrost. Und keine geringere als Teresia von Avila, die Patronin Spaniens, prägte den sinnesfreundlichen Satz: „Gott ist auch unter den Kochtöpfen."

Können kulinarische Freuden wirklich trösten? Gewiss können sie das. Im Grunde ist Sinnesfreude der ursprünglichste und einfachste Trost. Schon Babies vergessen schnell ihre Tränen, wenn sie hingebungsvoll an der Mutterbrust nuckeln dürfen. Und für erstaunlich viele Erwachsene ist der Kühlschrank das Notfallaggregat für seelische Ausnahmezustände. Trostnahrung: pieksüß, cremig, bunt, seltsam, exotisch. Anders als die Nahrung, die den Hunger stillt. Und auch anders als im Drei-Sterne-Restaurant. Genuss kann man kaufen, aber Trost wird einem geschenkt. Selbst wenn man es sich selbst schenkt. Trostnahrung führt zurück in die Kindheit, zur Schokolade, die die Tränen stillte, zu den Wienerle, die wieder heiter stimmten, zu den Bergen von Spaghetti. Unlöschbar sind diese Geschmacksspuren in unserem Lustgedächtnis eingraviert, genauso unverkennbar wie die fettigen Fingerabdrücke. In anderen Worten: Pasta und Schokolade sind die Tröster, die Mutter Natur aus der Schürzentasche holt, wenn wir untröstlich sind.

Was ist aber mit den Exzessen, die von den Skeptikern bespöttelt werden? In der Tat kann man sich auf der Suche nach Trost in die Irre begeben. Man legt sich die Dinge irgendwie zurecht und beruhigt sein Gewissen, weil man sich diese kleinen Drinks durch seinen Kummer „verdient" hat.

Man verhindert das Hereinbrechen unliebsamer Gedanken durch eine Spaghetti-Orgie. Oder lässt die persönliche Katastrophe zum bloßen Ärgernis mutieren, indem man sich dem Trunk ergibt und sein Glück bei den großen, alten Weinen sucht. Doch auch die können auf die Dauer nicht trösten, wenn man sie allein trinkt.

Wein kann ein Tröster sein, davon weiß nicht nur Hermann Hesse in seinem parodistischen Gedicht „Tröster Wein", sondern auch der Prediger Salomonis: „Gebt starkes Getränk denen, die am Umkommen sind, und den Wein den betrübten Seelen". Wein, dieser Tradition zufolge, war nicht nur eine zähneknirschend hinzunehmende Ausnahme, sondern eine legitime und hilfreiche Form von Trost im Sinne von Ablenkung und Linderung von Leid.

Also nichts gegen Wein, solange der Weintrinker die Souveränität über das, was er füllt, behält. Von hier aus lässt sich besser sagen, was es mit den „Gnadensubstituten" auf sich hat. Nimmt man den Mund oder das Glas zu voll, weil man sich der Plumpheit des Daseins entziehen will, so erteilt man seinem Leben eine Absage. Statt wach und verantwortlich und schöpferisch zu bleiben, begibt man sich auf wiederholungsfordernde Spuren, die sich im Lustgedächtnis einschreiben. Exzesse sind vom Genuss so weit entfernt wie Disneyland von Grimms Märchen. Ich frage dennoch: Schließt menschliche Überdosis einer Gabe die Gabe selbst aus?

Entscheidet man sich gegen eine höhere Verbrennung, so bleiben immerhin der Trost und die Freuden am Genuss. Nimmt man sie mit Muße, Achtsamkeit und Dankbarkeit, dann lässt sich mit einem guten Tropfen und dem frischen Bauernbrot mit Knoblauch und Olivenöl eine Zufriedenheit erreichen, die dem Glück ziemlich nahe kommt. Nicht ohne Grund existiert schon im Alten Testament der Brauch, die Betrübten durch ein „Trostbrot" zu erquicken. Es würde sich lohnen, diesen Brauch wieder zu beleben, allerdings – das ist meine Empfehlung – nach dem Gesetz der Manufaktur: Es wird mit der Hand angerührt und selbst gebacken.

Aber selbst die leckerste Mahlzeit kann nicht trösten, wenn sie nicht mit dem Emotionalen eine harmonische Einheit bildet. Wie schmeckt ein Gänsebraten, wenn man allein am Tisch sitzt? Neben dem tierischen Fett brauchen wir auch menschliche Wärme. Es ist nicht gut, dass der Mensch allein isst, ließe sich der bekannte Bibelvers paraphrasieren.

Genuss als Trost. Dazu will ich gern anregen. Wer genießen kann, ist auch bereit, den Genuss mit anderen zu teilen. Kein Zufall, dass im Wort Genuss ja auch das Wort „Genosse" steckt. Vielleicht ist das die höchste Form von Genuss: Sinn für das Glück der Gemeinsamkeit.

Sinnvolles – Ordnung für die Seele

Nicht nur die Kunst – auch der Alltag bietet unzählige Beispiele fließender Energie und Selbstvergessenheit, die sich wie Trost anfühlen. Ich spreche von alltäglichen Aktivitäten, die für die meisten so selbstverständlich sind, dass sie ihnen kaum Aufmerksamkeit schenken. Doch man sollte ihre Wirkung nicht unterschätzen. Denn meist sind es nicht die großen Gesten, die uns wieder aufrichten, sondern die naheliegenden, kleinen, häufig übersehenen Trostquellen, die uns wieder ins Lot bringen. Deshalb möchte ich einen Blick hinter die Kulissen werfen und ein paar alltägliche „Tröster" beleuchten.

„Wenn ich also, was in letzter Zeit oft vorkommt, ziemlich durch den Wind bin, dann muss ich erst mal Geschirr waschen." Man mag über das Bekenntnis dieser Studentin schmunzeln. Aber recht hat sie. Abwaschen ist nicht nur für das Geschirr, auch für einen selbst läuternd und ordnend. Es bringt einen wieder ins Gleichgewicht. Man kann dabei nachdenken, träumen, mit sich selbst zu Rate gehen, ja philosophieren. Es muss ja nicht Auto waschen sein, denn das ist ein Kapitel für sich. Selbst Einstein soll gesagt haben, dass die Philosophen beim Denken die Straße kehren sollten, das täte auch der Philosophie gut. Außerdem sieht man, was man tut und weiß, dass es Sinn macht.

Künstler leben von den Segnungen solcher Augenblicke, wenn sie in Übereinstimmung sind mit dem, was sie tun. Der Musiker Peter Bastian weiß, wovon er spricht: „Ich erlebe es, dass sich dieser Zustand spontan in meiner alltäglichen Wirklichkeit einstellt. Beim Abwaschen! Plötzlich geht alles wie Ballett, die Teller hören auf zu klirren, die Spülbürste zeichnet unendlich befriedigende Arabesken auf das Porzellan, wie geheime Zeichen, die ich unmittelbar verstehe."

Schmierige, fettige Pfannen, angebrannte Töpfe, Besteck, Teller und Weingläser, ein bisschem mit dem praktischen

Schwamm gerieben oder gestreichelt, schon strahlen sie einen wieder an. Das stimmt versöhnlich, friedlich. Denn wer erlebt so unmittelbare Resonanz und Echo in seiner Arbeit oder in seinen Beziehungen? Wer erfährt so direkt, dass seine Tätigkeit eine nützliche ist? Vielleicht Bäcker – ihre Produkte kann man anfassen, gebrauchen und aufessen.

„Ich schiebe den ganzen Tag nur Sätze hin und her, spiele mit Meinungen und Gedanken. Jedenfalls tue ich nichts wirklich Nützliches. Alles nur Kopfgeburten", so ein Journalist, der den Abwasch verglichen mit seiner Arbeit wie einen Rettungsanker empfindet. „Einfach wunderbar", meinte er, „der Abwasch ist konkret, praktisch, nützlich – und saubere Hände bekommt man auch davon!"

Wie viele leiden unter dieser Praxisferne, diesem Unsinnlichen, Abgehobenen? Deswegen trösten sie sich so gern mit dem Kochen. Müssten sie es wie die Mütter und Hausfrauen jeden Tag machen, sähe es vielleicht anders aus. Aber so gelegentlich, am Wochenende oder wenn liebe Gäste kommen. Für jemanden zu kochen, heißt für sein Glück sorgen. Oder wie Brillat-Savarin so tiefsinnig erkannte: „Die Entdeckung eines neuen Gerichtes beglückt die Menschheit mehr als die Entdeckung eines neuen Gestirnes." Verständlich, dass das Kochen reizvoll ist, da freuen sich alle, und haben die Gewissheit, dem Glück sehr nahe zu sein. Und wenn dann der Wein direkt vom Winzer kommt, da erkennt man, dass sie noch existiert, die gute Fee, die das Glück unter Verschluss hält und der es nun danach zumute ist, es herauszurücken. Wenn sie gnädig ist, merkt man, dass es sinnlos ist, Trost zu suchen, er stellt sich ein – also unvorhersehbar. Wenn alles stimmt, der Wein, die Kräuter, die Gerüche und die Farben.

Kochen ist immer noch der beste Trost für jemanden, der sonst mit luftigen, theoretischen oder traurigen Dingen zu tun hat – eine kreative, regenerierende, ganz andere, sinnvolle Sache. Auch das Einkaufen ist ein Genuss, eine Überhöhung, wenn man sich Zeit nimmt. Über den Markt schlendern, die Gerüche und Farben einsaugen, mit den Marktleuten plaudern. Er jedenfalls sei rehabilitiert, meinte ein Jurist, wenn er ab und zu mit dem wirklichen Leben zu tun habe und dankbar auch, dass ein Mann sich wegen der Lust an solchen Tätigkeiten, die vor nicht so langer Zeit noch als typisch weiblich galten, nicht mehr genieren muss. Ein Mann mit Einkaufstasche, da wurde man vor wenigen Jahrzehnten noch scheel angesehen. Heute dürfen sie sich, die einkaufenden und kochenden Männer, als fürsorglich zeigen und niemand lacht mehr. Im Gegenteil. Verbirgt sich hinter solcher Fürsorglichkeit nicht auch der Wunsch, dazu zu gehören, dabei zu sein? Ein bisschen Flucht aus dem Ernst, dem Grau, den Zumutungen der Arbeit. Wir brauchen sie, diese Ausflüge, dieses sich Hinausdenken aus den gegebenen Umständen. Es erheitert und macht frei, sich dem Müssen zu entziehen.

Der Wunsch durch Einkaufen, Aussuchen, Kochen sich und andere zu trösten und günstig zu stimmen, hilft über schwierige Zeiten hinweg. Inzwischen denkt auch die medizinische Forschung ernsthaft über die Wirkung einfacher Tätigkeiten nach. Jedenfalls trifft dies auf den Bereich der Fürsorge zu. Auf alle Eventualitäten vorbereitet sein, etwas Nützliches tun, sich und andere füttern. Das bannt nicht nur die Lebensängste. Es stimmt friedlich, versöhnlich und beruhigt die Gäste.

Baden – Beruhigung der Seele

Für Bernard de Clairvaux waren die wichtigsten Trostquellen: „Baden, weinen, beten". Und zwar in dieser Reihenfolge. Ein erstaunlich pragmatischer Hinweis aus dem Mittelalter. Es ist interessant, sich daran zu erinnern, dass die mittelalterliche Medizin und auch die Theologie die Naturgebundenheit des Menschen einbezog. Wenn man heute wieder davon ausgeht, dass Menschen krank werden in krankmachenden Beziehungen und gesunden in Beziehungen, in denen man gesund zu leben vermag, dann betrachtet man den Ratschlag von Clairvaux vielleicht wieder aufmerksamer. Womöglich steckt in diesem Rat ja doch mehr als eine kuriose Trostpraxis. Es könnte darin ein hilfreicher Rat nicht nur für die Menschen des Mittelalters, sondern auch für uns stecken!

Kann Baden trösten? Ich beantworte diese Frage, indem ich zunächst einmal den Unterschied zwischen baden und „ein Bad nehmen" verdeutliche. Baden heißt sich säubern oder reinigen, aber das lässt sich effizienter mit einer Dusche erledigen. Und das ist ja bekanntermaßen eher praktisch als tröstlich. Hingegen „ein Bad nehmen" ist etwas anderes. Schon wie es der Begriff umschreibt: Man nimmt sich etwas für Leib und Seele. Und wenn es nur Zeit ist oder Muße oder gar mehr. Ein Bad nehmen ist eine Zeremonie, also ein feierlicher Akt, der über das Alltägliche hinausführt.

Das hat seine Geschichte. Die Römer der Spätantike sahen im Wasser eine Gottesgabe, sie haben deswegen in den Bädern, die sie regelmäßig benutzten, Altäre aufgestellt. Eine solche Stätte des Dankes und Gebets für die himmlischen Mächte, die das gute Wasser gewährt haben, findet sich sogar in der Nähe meines Heimatortes, in der römischen Badruine von Badenweiler. Dort lebt noch etwas von der religiösen Bedeutung, die dem Bad schon früher zukam.

Denkt man vor diesem Hintergrund an das Baden, so bekommt man vielleicht ein Gespür dafür, dass es nicht nur Erfrischung des Leibes, sondern auch Trost für die Seele sein kann. Ein Bad nehmen bedeutet Rückkehr zu unseren Ursprüngen. „Wasser ist der Urgrund alles Seienden", das war bereits den Philosophen des alten Griechenlands bewusst. Unser Leben begann im Wasser. Das erste, was uns umfing, war das Fruchtwasser. Und wenn wir darauf achten, was wir beim Baden empfinden, merken wir, dass es auch eine kleine Rückkehr ist aus dem nüchternen Alltag in ein anderes Element. Eines, das uns aufnimmt und trägt, ohne zu fordern. Ein Element, das den Alltag wie ein Fest überhöht. Wir dürfen abrüsten – Handy, Kleider, Unterwäsche einfach ablegen. Wir dürfen andere Menschen sein – freier, natürlicher, leichter. Niemand erwartet etwas Nennenswertes von uns. Wir lassen all das los, was uns einengt, drückt und sorgt.

Man muss nicht ein Thermalbad oder ein Heilbad aufsuchen. Auch im häuslichen Bad lässt sich ohne großen Aufwand eine eigene, private Badekur zelebrieren. Am besten jeden Tag. Sie beruhigt das Gemüt, entspannt den müden, angespannten Körper, bügelt die Stirnfalten glatt und besänftigt den gestressten Geist. Ob man nun den Tag mit einem Bad zum Aufwachen begrüßt, oder ihm lieber den sanften Übergang in einen leichten Schlaf verdankt, das findet jeder für sich selbst heraus.

Als Philosophie möchte ich anregen: Im Zweifelsfall – nehmen Sie ein Bad. Es gibt keinen Kummer, keine Sorge, die so schwer wiegen, als dass sie nicht durch ein Bad getröstet werden könnten. Wo – außer im Bad – kann man sich die Welt so einfach fernhalten? Ein wenig Badesalz oder wohlriechendes Badeöl, eine duftende Seife, ein flauschiges Badetuch – mehr braucht es nicht. Vielleicht noch ein gedämpftes Licht oder ein paar Kerzen für Tage, an denen man besonders viel Wärme und Trost braucht. Der Effekt ist vergleichbar mit dem des Gebets und der Meditation. Man ist bei sich und lebt ganz im wohligen Augenblick – gesammelt und zentriert, wie manche dies von ihren Sternstunden täglicher Meditationspraxis berichten. Gibt es einen Ort, an dem man ungestörter und entspannter ist als in der Badewanne? Es gibt wohl kaum ein Medium, in dem es leichter fällt, im Hier und Jetzt zu bleiben. Wo wollte man sonst sein wollen als im angenehmen, körperwarmen Wasser?

Man kann seine Heim-Badekur mit beruhigender Musik begleiten oder einfach, indem man in den Klang des tropfenden Wasserhahns eintaucht, der die Zehen sanft massiert. Man kann dieses wohlige Gefühl für eine kleine Phantasiereise nutzen, wobei man sich vorstellt, dass man sein imaginäres Sorgenbündel vom warmen Wasser einfach wegspülen lässt, immer weiter weg, bis es dem Körper völlig entschwunden und im Wasser aufgelöst ist. Vielleicht spüren Sie, wie Ihr Körper immer leichter wird? Wie Ihr Geist klarer wird? Wie Ihre Seele ruhiger wird? Und wie die Körperzellen angenehm vibrieren?

So kann das Bad zu einem „heiligen" Ort werden, der uns wieder „ganz" macht, in dem man sich bewusst ein Herausgehobensein aus dem Alltagstrott gönnt, der Sorgen und Stress wegspült. Und wenn es nur ein Ort ist, an dem man für eine Weile alles um sich herum vergisst – das ist doch immerhin etwas.

Weinen – Befreiung für die Seele

Ist es ein Trost, weinen zu können? Tränen sind die Waschanlage der Seele, so heißt es. Oder: Wer nicht weint, hat ein Herz aus Stein. Es ist eine Gabe, weinen zu können. Nicht jeder kann es. Und nicht jeder gestattet es sich. Dabei sind Tränen nicht schmutzig. Sie sind von den Drüsen produziertes Wasser, das in den Mundwinkeln salzig schmeckt. Wer weint, bringt seine Gefühle in Fluss, lässt sie fluten und wird etwas los. Tränen spülen Stresshormone weg und entlasten von bedrückenden Gefühlen.

Augen und Seele hängen zusammen. Manchmal sind die Tränen schneller als das Wort. Durch sie etwas zu erkennen, bedeutet, innere Bewegung nach außen bringen, sich vor sich oder anderen zu offenbaren. Das heißt auch, sich zeigen. Das könnte der Anfang von etwas Neuem sein. Vom Schmerz, vom Bedrückenden, vom Alten lassen, wieder neu sehen lernen – darin könnte die Lektion von Tränen liegen. In tränenreich gewonnenen Erkenntnissen liegt Dynamik und Entwicklung. Hildegard von Bingen sprach vom „Augenregen", der die Chance der Erkenntnis birgt. Ich würde sogar vom „Augentrost" sprechen, der in den Tränen liegt, weil sie die Erlösung ahnen, uns empfindsam und wach halten. Also sollte man nicht mit den Tränen sparen und sich nicht schonen. Wer weiß, ob man noch morgen Herz und Mut hat, sich dem Schmerz hinzugeben. Bei ihm ist man besser aufgehoben als bei irgend welchen Ablenkungen, Surrogaten oder Durchhalteparolen.

Beten – Offenbarung der Seele

Was tun Menschen, wenn sie in höchster Not sind? Ich spreche nicht vom Beten, das man suchen und üben muss, sondern von dem, was sich wie von selbst einstellt, wenn man nicht mehr weiter weiß. Not lehrt beten! Das haben wahrscheinlich die meisten Menschen in aussichtslosen Situationen schon auf irgendeine Art erfahren – als lauten Notschrei oder als verzweifeltes Verstummen. In beiden drückt sich unsere elementare Bedürftigkeit aus.

Das Gebet, wie viele andere kontemplative Haltungen, hat es nicht leicht in unserer lauten Zeit, in der die stillen Werte keine Lobby haben. Beten gehört einer veralteten Lebenspraxis an. Dennoch tun es unendlich viele im stillen Kämmerlein. Sie tun es, weil sie dabei immer wieder erleben: es schenkt Trost! Individualität ist heute für die meisten ungeheuer wichtig. Wenn wir jedoch leiden, trauern oder krank werden, brauchen wir die Beziehung zu anderen Menschen – oder zu einer höheren Instanz. Das ist die Quintessenz eines Gesprächs mit der Seelsorgerin Suella Henn, die als Theologin mit Krebspatienten arbeitet.

Was geschieht, wenn wir beten? Was mir zunächst einfällt, beten hat etwas mit Lassen, mit Loslassen zu tun. Statt in der üblichen Art und Weise des Tuns und Machens lassen wir uns auf ein Du ein und vertrauen uns an. Über eine derart intime Beziehung redet man nicht ohne weiteres. Und das ist auch gut so. Ob das nun Gott, Göttin, Buddha, Höhere Macht, Allmächtiger oder das Absolute genannt wird, immer geht es um ein Verbundensein mit etwas Höherem, Tieferem, Größerem. Ein Ort, an dem man sich vertrauensvoll hinwenden, sammeln und offenbaren kann. Ein Ort, an dem man all das, was einen bewegt, hintragen und übergeben kann. Auch das, was man sonst gern verschweigt oder kaschiert. Gefühle, Wünsche, Sehnsüchte, vor denen man sich sonst geniert, weil sie zu persönlich, zu ungeschützt, zu unbefangen sind.

Man gibt sie aus der Hand und legt sie in andere, größere, kompetentere Hände.

Solch eine intime Zwiesprache lässt etwas im Innern lebendig werden, das unser Getrenntsein, unsere Fixierung auf das eigene Ich, das Tun auf eigene Faust, den Eigensinn relativiert und zusammenschrumpfen lässt. Dieses Gefühl, ich bin nicht allein, ich muss nicht alles lösen, ich kann abgeben, aus der Hand geben, ermöglicht eine Konsolidierung nach innen: Man fühlt sich getragen und gewinnt sein seelisches Gleichgewicht wieder – und nach außen: Man wendet sich wieder anderen zu, an Stelle von Rückzug und Selbstisolation.

„Ich bin nicht allein" – das ist letztlich die zentrale Erfahrung von Trost. Vielleicht weil wir auf unserer Suche nach Auswegen immer wieder glauben wollen, dass die Welt es doch gut mit uns meint, dass wir vertrauen können. Wer betet, verhält sich zu einem Gegenüber und kann deswegen nicht bodenlos fallen. Wer betet, bleibt in der Not nicht stumm.

Und: Wer betet, kommt sich selbst näher, wird aufmerksam, wach, offen. Man wird empfänglich für die eigenen inneren Quellen und spürt tiefer, wer man ist. Eine Frau drückte es treffend aus: „Wenn ich bete, fühle ich mich in mir geborgen." Eine andere: „Da gibt es etwas in mir, das unzerstörbar ist. Das kann mir niemand nehmen."

Im Gebet können wir unbefangen und vertrauensvoll unser Leben ausbreiten. Uns aussetzen, uns hinwenden, wenn niemand sonst in der Nähe ist.

VIII.
Trostrituale

Trost, der aus freiwilliger Fürsorge gewährt wird, ist heute mehr denn je reine Herzensangelegenheit und Zeichen emotionaler Nähe. Darin sehe ich eine Chance, die ein Einfallstor für alle möglichen Rituale offen lässt, die uns neu zeigen könnten, was es heißt, einander und sich selbst nicht im Stich zu lassen.

Wie können wir Rituale schaffen, die Aufgehobensein, Beistand und Schutz vermitteln? Wie finden wir Räume, die unverrückbar und langfristig existieren, jenseits von Umbruch und Wandel, jenseits von unseren Kümmernissen, Nöten und Belastungen? Wie schaffen wir uns Atmosphären, in denen wir loslassen und in etwas Größeres eintauchen dürfen?

Eigentlich gibt es von Kindheit an diese tröstenden Rituale, diese kleinen „Heile-Segen-Rituale". Auch wir Erwachsenen brauchen sie im größeren Sinn. Ich spreche nicht von diesen großen Feierlichkeiten, sondern von einfachen Gestaltungen, die uns wieder aufrichten und aus der Hilflosigkeit herausführen. Um sie geht es, denn sich und andere trösten ist Teil der Lebenskunst. Ja, Trösten ist eine Kunst, die man lernen kann, wie man kochen, surfen und stricken lernt. Jede Kunst kennt Spielregeln, Formen und Rituale.

Was sind Rituale? Rituale geben dem Leben eine Form, strukturieren und markieren den Alltag. Vor allem in schwierigen Situationen, oder in solchen, in denen wir uns ohnmächtig fühlen, helfen sie, trotzdem zu handeln. Wenn man schon nichts tun kann, bleibt immer noch dieses einfache Ritual: „Ich drück' dir die Daumen". Letztlich ist das, was wir Alltag nennen, ein dichtes Netz von gewollten Wiederholungen, lauter Mini-Riten, von der Morgentoilette bis hin zum abendlichen Spaziergang, weil wir ohne diese Orientierungen in der Zeit nicht auskommen.

Aber nicht jede Gewohnheit ist ein Ritual. In gewisser Weise muss ein Ritual das Alltägliche überhöhen. Ich denke an die vielen Rituale, die Tod und Trauer umgeben – man spricht leise, senkt den Kopf, trägt schwarze Kleidung, liest bestimmte dafür vorgesehene Texte und trifft sich anschließend beim Leichenschmaus. Die Welt kommt eine Zeit lang zur Ruhe und wir in ihr.

Rituale geben Sicherheit in schwierigen Situationen. Sie geben einen Rahmen, Ort, Zeit, Rhythmus und Form. Wir brauchen uns nicht ständig neu erfinden und sind nicht nur abhängig von der Zufälligkeit des Augenblicks. Es geht nicht um die Frage, ob man für oder gegen Rituale ist, sondern welche Form wir wählen.

Ich möchte einige der längst vergessenen Trostrituale wieder ans Licht holen, neu beleben und sie als Anregung für eigene Gestaltungen anbieten. Sie sind als Unterstützung und Hilfe gedacht und können nach eigenen situativen Bedürfnissen verändert, variiert oder ergänzt werden. Im ersten Teil finden Sie Trostrituale für andere, im zweiten Teil Rituale der Selbsttröstung.

Trostgemeinschaften

Hier möchte ich an eine alte, wiederzubelebende Tradition erinnern: Trostgemeinschaften. Manche Menschen müssen erleben, dass sie bei kleineren oder größeren Traurigkeiten auf andere angewiesen sind. Dafür gab es in den vergangenen Jahrhunderten regelrechte Trostgemeinschaften, in denen sich Christen zusammengetan hatten, denen die Gabe des Tröstens gegeben war. Ansätze dazu gibt es heute bereits in einzelnen Gemeinden. Was wäre durch solch eine Gemeinschaft gewonnen? Der Theologe Georg Langenhorst sieht darin die Chance, dass der Umgang mit Leid und Trauer den Bereichen von Anonymisierung, Privatisierung und Professionalisierung entrissen würde und dass Trösten nicht länger eine überfordernde Aufgabe für immer die gleichen Wenigen wäre, sondern über Beziehungsgeflechte verteilt auf mehreren Schultern. Dahinter steckt der Gedanke und die Hoffnung, dass das Trösten nicht allein den professionellen Helfern überlassen werden sollte, sondern dass es zu einem Anliegen wird, das uns alle etwas angeht.

Trösten geschieht am besten in persönlichen Beziehungen – und nicht in formalen, unpersönlichen. Deshalb steht das Herstellen einer vertrauensvollen Beziehung eindeutig im Vordergrund. Das schließt ein: Da sein, beieinander sein, Zeit haben, den Schmerz mittragen, Klagen zulassen und wenn nötig schweigend aushalten. So gesehen kann für Beziehungen zwischen Gemeindemitgliedern, Nachbarn und Betroffenen einer Krise der Trost eine Chance sein, die übliche Unverbindlichkeit und Oberflächlichkeit zu durchbrechen und Gefühle füreinander zu zeigen. „Trauergruppen", die es mittlerweile auch schon an manchen Orten gibt, bieten solch einen Ort. Darüber hinaus ist die Nachbarschaftshilfe eine nicht zu unterschätzende Ressource – eine Chance, die die vorhandenen Stärken der Einzelnen zeigen, ihre Beständigkeit und Verbindlichkeit zum Vorschein bringen könnte. Dabei denke ich an Besuchsdienste als Angebote für Kranke, Verlassene oder Betroffene in Krisen.

Was wäre gewonnen mit solchen Trostgemeinschaften? Fangen wir mit dem Einfachsten an: die Kultur der wachsamen Blicke. Können wir etwas für dich tun? Was brauchst du von uns? Und die Kultur der hilfreichen Hände: Wir geben dir Zuwendung, Zeit, Geduld, Aufgehobensein. Es kommt vielleicht zu ganz unerwarteten Momenten, etwa wenn sich plötzlich Nachbarn oder Mitbewohner eines Stadtviertels oder eines Dorfes melden, von denen man es nicht erwartet hätte. Solche Gemeinschaften würden nach außen strahlen und anstecken, so lange sie offen und aufmerksam bleiben für die, die sie brauchen.

Eine Variante davon kann ein literarischer Zirkel sein, in dem man eigene oder fremde Texte zum Thema „Tröstliches" vorliest und bespricht oder auch selbst schreibt. Denn vielleicht steckt in so mancher Dichtung mehr Wahrheit als in all dem, was man so in der Bahnhofsbuchhandlung erstehen kann. Das kann auch gemeinsames Malen oder Töpfern sein. Beide Aktivitäten fördern die Selbstvergessenheit und können darüber hinaus „Leim" sein, der eine Gruppe zusammenhält, weil man gemeinsam etwas tut, das Nähe und Aufgehobensein entstehen lassen kann.

Gute Freunde helfen einander

Rituale der Freundschaft sind besonders bedeutsam, weil Freunde wie Juwelen unseres Lebens sind. Deswegen verdienen sie unsere Wertschätzung und Fürsorge, um auszudrücken, welchen Platz sie in unserem Herzen haben. In Krisen kommt die Qualität unserer freundschaftlichen Beziehungen erst wirklich zum Vorschein.

Warum sollte man einem Freund, von dem man weiß, dass er unglücklich ist, nicht auf die Sprünge helfen? Eine der schönsten Trosterfindungen ist der Esstisch und zwar ein großer Tisch, an dem möglichst viele Freunde Platz finden. Gibt es etwas Schöneres, als mit Freunden einen ganzen Abend an einem großen Tisch zu sitzen, mit ein bisschen Brot und Käse, einem guten Tropfen und tiefsinnigen Gesprächen über Gott und die Welt? Wenn man dann noch daran denkt, einen Freund einzuladen, der es gerade besonders nötig hat, dann kann man erleben, was es heißt „Geteiltes Leid, geteilte Freud'".

Gute Freunde trösten einander. So will es der Brauch. Niemand hat alle Puzzlestücke zur Hand, deswegen ein kleines Sortiment:

Schicken Sie kurze ermutigende, handgeschriebene Briefe. Diese werden oft mehr geschätzt als Telefonanrufe.

Schenken oder verleihen Sie Bücher, die eine Orientierungshilfe sein könnten.

Lesen Sie gleichzeitig ein bestimmtes Buch und kommen Sie zusammen, um sich darüber auszutauschen.

Halten Sie Ausschau nach Artikeln oder Bildern in Zeitschriften oder Zeitungen, und werfen Sie sie in den Briefkasten.

Schicken Sie ihm ein Lächeln in Form eines bunten Wiesenblumenstraußes.

Kaufen Sie ihm etwas, das er sich nicht selbst kaufen würde.

Kochen Sie für ihn oder laden Sie ihn in sein Lieblings-restaurant ein.

Holen Sie ihn zum Spazierengehen ab.

Laden Sie ihn in ein Konzert ein.

Schenken Sie ihm einen freien Tag, den sie für eine Wan-derung oder eine Radtour nutzen.

Wenn er krank ist, schicken Sie ihm einen „Verwöhnkorb" gefüllt mit „Bett-Tröstern": ein Buch, das ihn auf den Flügeln der Phantasie in eine andere Welt führt – in die Welt der Ge-dichte, Märchen und Geschichten, Obst, Tee, selbst gemachte Suppe oder einen kleinen Blumenstock.

Kochen Sie für zwei und bringen Sie ihm die Hälfte da-von.

Besuchen Sie ihn überraschend, um zu zeigen, dass Sie für ihn da sind.

Wie lang die Liste der kleinen Trostrituale für Freunde sein müsste, um vollständig zu sein, ist die falsche Frage. Es geht darum, zu begreifen, dass Trostrituale so vielgestaltig, flexi-bel, so definitionsscheu sind, weil sie ein Beziehungsgefühl ausdrücken, das situations- und bedürfnisabhängig ist.

Trösten – das heißt auch: sich auf jemanden verlassen. Deswegen sind diese kleinen Rituale so wichtig, weil sie Pflege und Schutz zum Ausdruck bringen. In den dunklen Tunneln ist man darauf angewiesen, dass Freunde einem sagen, wie viel man ihnen bedeutet, wie sehr sie sich um einen bangen. Was man in guten Zeiten vielleicht für selbst-verständlich hält, das gerät in schweren Zeiten aus dem Takt. Deswegen sind letztlich alle Trostrituale Ausdrucksformen dieses lebenswichtigen: „Du bist mir wichtig. Ich sorge mich um dich. Du kannst mir vertrauen", das nicht nur verbal, sondern auch konkret gezeigt werden sollte. Freunde sind unsere Juwelen. Deswegen gehören sie gehegt und gepflegt.

Einander Geborgenheit schenken

Wie können wir andere bergen und wärmen? Man sagt, ein gutes Wort wärme das Herz mehr als eine ganze Fuhre Holz. Aber manchmal reicht es nicht aus und wir sind als Helfer auf den Plan gerufen. Schwankt der Boden, ist der andere womöglich desorientiert, hilflos, so gilt es sich zusammenzufinden, um die Not auf das Einfachste zu stillen: durch tatkräftige Hilfe. Genauso wie Trost ursprünglich verstanden wurde: zu neuem Leben ermutigen und aufrichten durch konkrete Unterstützung, denn wie es in der Bibel heißt: „Trost wird Tat".

Trost fragt nicht, Trost trägt. Statt den Betroffenen zu fragen, was er benötigt oder welche Aufgabe er uns zuteilen könnte, bleibt manchmal gar keine andere Wahl, als selbst zu spüren und zu beurteilen, was getan werden muss und einfach zu handeln. Am besten natürlich mit dem Einverständnis des Betroffenen. Dem anderen einen Tee kochen, eine Mahlzeit zubereiten, die Tiere füttern, die Wäsche waschen, aufräumen, putzen, die Kinder hüten, Autodienste oder Organisatorisches übernehmen. All dies sind Anforderungen, die anfallen könnten, vielleicht weil der andere darum bittet, oder weil man selbst begriffen hat, dass man gefragt ist. Genauer: Hier werden wir gefragt, ob es uns gelingt, zu schützen und zu bergen, wie ein Schiff im Sturm. Ob wir dafür sorgen können, dass die Menschen sich in unserer Gesellschaft geborgen fühlen. Und ob wir bereit sind, konkrete Hilfe zu mobilisieren. Sich aufeinander verlassen, zuverlässig da sein, und wenn es sein muss, auch mit beiden Händen zupacken – das sind die zentralen Bedingungen gelingenden Trostes.

„Ist das nicht zu banal?" „Komme ich zu nahe?" „Ist es vielleicht gar nicht erwünscht?" „Sollte ich mich nicht lieber heraushalten?" Das sind ein paar typische Fragen, die davon abhalten, dass man sich ein Herz fasst und die Ärmel hochkrempelt. Wenn die anderen aber ähnlich sind wie wir selbst, dann darf man ihnen auch ähnliches zutrauen wie sich selbst. Wer würde, wenn er vom Leben gerade gebeutelt ist, nicht entlastet sein, wenn jemand richtig spürt: „Hier ist Not am Mann/an der Frau"? „Hier muss ich handeln!" Die Antwort auf diese zweifelnden Fragen ist einfach: Sie werden sich freuen, wie man es von sich selbst kennt. Ein Therapeutenkollege pointierte diese Erfahrung: „Putzfrauen haben mehr Ehen gerettet als Paartherapeuten, weil sie zupacken, wo es nötig ist."

Trostbesuche

Besuche? Nur nach Anmeldung? Es gibt ein einfaches, zutiefst menschliches Motiv, einander auch ohne Anmeldung zu besuchen: Anteilnahme. Und das gilt besonders in Zeiten von Krisen, Schmerz und Trauer. Statt zum Telefonhörer zu greifen oder vor lauter Hilflosigkeit sich zurückzuziehen und zu behaupten: „Ich wollte nicht stören", „Ich habe mich nicht getraut", möchte ich an eine uralte, reale, konkrete Tradition erinnern: den Trostbesuch. Auch er gehört zu den aktiven Formen, in denen sich Trost durch Handeln bewährt – durch das bewusste Hinwenden zum Leidenden.

Ich frage: Warum nicht den, der es braucht, einfach besuchen? Unangemeldet, mit leeren Händen, oder auch mit einer Blume in der Hand, „ich dachte mir, ich schau mal nach dir". Ich spreche nicht von ausgedehnten Besuchen mit ausgiebiger Vorbereitung, bei denen der andere Angst haben muss, dass man zu lange bleibt. Es geht lediglich um ein sichtbares Zeichen: „Ich zeige dir, dass ich für dich da bin." Auch wenn es nur kurz ist. Mag sein, dass man nicht gleich überschwänglich empfangen wird, aber im Nachhinein hinterlassen solche konkreten Akte der Anteilnahme immer Spuren, weil der andere spürt: Hier zeigt sich jemand und meint es gut mit mir. Solche Besuche sind der beste Weg, Einsamkeit zu verhindern oder gar zu überwinden.

Diese früher im Judentum in hohen Ehren stehende Tradition der Trostbesuche hat heute keinen leichten Stand. Leben wir doch in einer Kultur des „Nur-ja-nicht-Störens", „Bloß-keine-Umstände-machen-Wollens" und verharren oft genug in der Distanz, besuchen einander nur nach Voranmeldung und reiflicher Überlegung. Trotz dieser Tendenz sollte die Anteilnahme überwiegen, denn wenn wir aufhören einander zu besuchen, werden aus Freunden unversehens wieder Bekannte und aus Bekannten mit der Zeit wieder Fremde.

Die Erfahrung lehrt, dass der, der tatsächlich den Weg zum anderen finden will, ihn auch findet. Vielleicht gehört ein wenig Mut dazu, einfach anzuklopfen und zu sagen: „Mach auf, ich bin es!" Diese Ungezwungenheit, auch wenn sie Vielen abhanden gekommen ist, gilt es wieder zu üben. Denn wer den Willen aufbringt, persönlich zu werden und sich zu zeigen, ist zu einem Trost fähig, der auch ankommt.

Trostlieder

Wenn es ein Trostmittel gab, das sich über die Jahrhunderte hinweg millionenfach bewährte, so waren es die Trostlieder. Das Singen geistlicher Lieder wurde – unter Berufung auf Martin Luther – als wirksames Mittel empfohlen, sich im Leid gegen schwermütige Gedanken zu trösten. Wenn man bedenkt, dass manche davon heute noch genauso beliebt wie Volkslieder sind, dann sollte man ihnen, auch wenn man kein Liederfreund ist, doch zugestehen, dass sie unmittelbar die Trostsehnsüchte und Trostbedürfnisse der Menschen ausdrücken.

Heute tragen sie für viele den Beigeschmack unpassender Vertröstung, von Übersättigung mit Sprachhülsen, die nicht mehr von unserer Erfahrung getragen sind. Ist deswegen das Singen vom Trost und das Trösten über den Gesang unmöglich geworden? Ich glaube nein. Als Musikerin, die sich der Abnutzungserscheinungen dieser Lieder sehr bewusst ist, gebe ich dennoch zu, dass mich viele dieser Lieder tief berühren. Aber vielleicht können wir uns dem Singen annähern, wenn wir fragen: Wie könnte ein Trost aussehen, der Resonanz in uns erzeugt? Welche Lieder können wir singen? Wie könnten wir wieder Zugang zur Stimme finden, um eine Ahnung, eine Hoffnung zu erzeugen, dass es Trost gibt?

Ich spreche vom Erahnen, Erspüren, Erfühlen, das wir einander über unsere Stimmen geben können. Am unmittelbarsten können wir es noch bei den Kindern erleben. Wenn sie Angst haben, in den dunklen Keller zu gehen, was tun sie? Sie singen. Sie wissen noch intuitiv, dass Singen eine Art Beistand und Wegbegleiter ist, der ermutigen und befreien kann. Vielleicht wäre dies ein Anknüpfungspunkt, dass wir uns wieder gestatten, jene kindliche Improvisationsbereitschaft zum Leben zu erwecken und miteinander oder füreinander zu singen. Jeder auf seine eigene unverwechselbare Art.

Singen hilft! Müttern, die ihre Kinder trösten wollen, gebe ich oft die Anregung, es singend zu tun. Warum sollten sich Erwachsene nicht ebenso trösten? Füreinander singen oder einfach summen, der Inhalt ergibt sich dann wie von selbst. Improvisierend mit der eigenen Stimme kann man das zur Sprache bringen, was oft verbal missverständlich oder umständlich gerät.

Als kleines Trostritual rege ich an, jemanden mit Ihrer Stimme zu streicheln. Auch Stimmen können streicheln wie warme Hände. Legen Sie eine Sprechpause ein und summen sie ein paar Melodien für Ihren Nächsten. Er mag vielleicht im ersten Moment überrascht sein, aber er wird es Ihnen danken. Vielleicht möchte er sogar die Augen dabei schließen, denn so wird man empfangsbereiter. Stellen Sie sich dabei vor, wie Sie dem anderen über das Haar streicheln oder ihm den Rücken entlang streichen. Vielleicht spüren Sie, wie sich Ihre Stimme dabei wandelt und immer weicher wird.

Dieses Ritual lässt sich auch variieren, wenn der andere oder man selbst Schmerzen hat. Summen Sie in den Schmerz hinein. Schicken Sie Ihre Stimme genau an die Stelle, wo es schmerzt. Und wenn Sie mögen, legen Sie dazu noch Ihre Hand auf die wunde Stelle. Vielleicht spüren Sie die wohltuenden Vibrationen auf der Haut.

Summen und Singen verströmen Behaglichkeit und vertiefen die Beziehung, weil man sich mit seiner Stimme zeigt und kenntlich macht. Das ist auch der Grund, weshalb Tiere manchmal ihre Stimmorgane erheben. Nicht nur aus Lust, sondern auch, um ihr Gemeinschaftsgefühl zum Ausdruck zu bringen oder um die Paarbeziehung zu stärken.

Fragen Sie sich selbst: Wann habe ich das letzte Mal gesungen? Wenn das Leben belastet ist, hören viele auf zu singen. Das muss aber nicht sein. Vielleicht sollte man sich einfach lösen von diesen Vorurteilen: „Ich kann nicht singen", „Ich kann keinen Ton halten", „Ich bin unmusikalisch". „Gesang ist Dasein", meinte Rilke. Und darum geht es, dass wir uns und andere mit unserer Stimme frei singen. Nicht das schöne Singen ist gemeint, um das wir singende Künstler beneiden, sondern dass wir unsere Resonanzräume wieder öffnen und andere dazu einladen.

Klagemauer

Sehr hilfreich und zugleich anschaulich ist dieses Trostritual, das ich mit Schülern und Studenten ausführte. In Anlehnung an die Klagemauer in Jerusalem nenne ich es „Die Klagemauer". Es beginnt damit, dass man sich ein paar Dutzend Steine sucht, und zwar in aller Ruhe und Sorgfalt. Nicht nur besonders schöne Steine, sondern auch markante und solche „mit Charakter", möglichst unterschiedlich in Form und Farbe. Sie sollten auch nicht zu groß sein, sondern einigermaßen handlich. Diese werden dann aufeinander geschichtet, so dass eine kleine Mauer entsteht.

Nun schreibt jeder auf einen Zettel, was ihn belastet, schmerzt oder traurig macht und steckt diesen Zettel in die Lücken zwischen den Steinen. Anschließend werden diese Zettel in einer Art Meditation vorgelesen. Die Erfahrung ist, dass die Beteiligten eine konzentrierte Aufmerksamkeit für die benannten „Klagen" entwickeln. Sie empfinden es als Entlastung, dass sie benennen dürfen, was sie bedrückt. Und auch innerhalb der Gruppe entsteht ein Raum der Nähe, des Zuhörens und des Mitgefühls. Es tut gut, zu hören, dass jeder „sein Päckchen zu tragen hat". Und es stärkt und führt aus der Sprachlosigkeit, dass man eine Gestaltung, eine Form gefunden hat, die dem, was man an Ballast mit sich herum trägt, eine Sprache verleiht.

Zum Gedicht einladen

Ein Ritual, das auf den ersten Blick vielleicht etwas fremd wirkt, weil wir alle gewohnt sind, zum Kaffee, zum Glas Wein oder zum Essen eingeladen zu werden, ist die Einladung zu einem Abend mit Gedichten. Ich bin überzeugt, dass trostbedürftige Menschen mehr als dieses missverständliche Mitleid und auch mehr als abstrakte Solidarität brauchen. Sie brauchen das Gefühl, verstanden zu werden, gespiegelt zu werden. Und das können Gedichte vermitteln. Dichter haben in Leiden geblickt und haben sie in verdichteter Form ausgedrückt, so dass unsere Nöte und Hoffnungen sich darin wieder finden. Gedichte tun dem Herzen gut. Und was dem Herzen gut tut, ist auch für die Seele – und die Gesundheit – gut.

Deswegen meine Anregung, zu einem Abend mit Gedichten einzuladen. Es soll nicht darum gehen, über Gedichte zu sprechen, sondern sie auf sich wirken zu lassen. Dichterworte sind nicht nur für das stille Kämmerlein und wollen nicht nur mit den Augen gelesen werden. Sie entwickeln einen Strom der Kraft, wenn sie laut gesprochen werden, dem man sich nur schwer entziehen kann. Vielleicht können Sie das nachvollziehen, wenn Sie dieses Gedicht zur Ermutigung von Hilde Domin (1910–2006) einmal laut lesen.

„Unsere Kissen sind nass / von den Tränen / verstörter Träume. / Aber wieder steigt / aus unseren leeren / hilflosen Händen / die Taube auf."

Warum werden ihre Gedichte so geliebt? In ihnen findet sich eine Bewegung hin zur vitalen, lebendigen Seite des Daseins, dessen schönster Ausdruck die Liebe ist, die unerklärlich kommt und geht und dessen größte Stärke die Hoffnung ist. Sie sind tröstlich, ohne den Abgrund zu leugnen.

Mit Gedichten ist es wie mit alten Freunden: man trifft sie immer wieder, selbst wenn man sie jahrelang aus den Augen verloren hat. Und man schätzt sie wie edlen Wein, dessen Genuss sich erst mit den Jahren so richtig entfaltet.

Für große Gedichte muss man tatsächlich reif werden. Man denke nur an die Zeit, als man diese eindrücklichen Zeilen von Hermann Hesses „Stufen" im zarten Jugendalter las, und wie sie für einen klingen, der schon eine ganze Menge Leben hinter sich hat: „Und jedem Anfang wohnt ein Zauber inne, der uns beschützt und der uns hilft zu leben ...".

Eine wunderschöne Einstimmung bietet auch die bekannte Verszeile von Eichendorff: „und meine Seele spannte weit ihre Flügel aus, sie flog durch ferne Lande ..." Allein schon die Wortmelodie trägt einen fort in den Fluss des Werdens und Vergehens. In den Lebensfluss, der alles relativiert, der alles wegschwemmt, wegträgt und erneuert, reinigt und stärkt. So wie er fließt, kommen auch wir ins Fließen, werden ruhig und gelassen.

Sowohl Gedichte als auch Psalmen sind Ausdrucksformen, die imstande sind, Krisen hervorzurufen, Tränen zu lösen und Wendungen herbeizuführen. Ich möchte eine Liedstrophe von Huub Oosterhuis (in der Übersetzung von Alex Stock) zitieren: „Sprich du das Wort, das mich mit Trost umgibt, das mich befreit und nimmt in deinen Frieden."

Hier wird vom Trost in Form einer Bitte gesprochen, zugleich aber auch die vertrauensvolle Hoffnung gewagt, dass eine Antwort möglich sei. Das Lied selbst wird zum Zeichen des Trostes. Vielleicht ist das gerade der Trost, dass man an etwas Kleines und Unersetzliches glaubt wie solch ein Lied.

Gelegentlich muss man sich fremde Worte ausleihen, weil die eigenen Worte fehlen. Über das Wort und die Geste hinaus bleibt das Geschriebene gegenwärtig, rückrufbar, wiederholbar, immer von neuem trostvoll und lindernd. Hier wieder ein Beispiel, das für sich spricht:

„Ich lege die Korallen deiner Worte mir um den Hals wie eine Perlenkette" (Rose Ausländer).

Nicht nur das Lesen einer solchen Perle ist tröstlich, sondern vor allem das Vorlesen, wenn mehrere Menschen sich von solch einem Text ansprechen lassen. Zu wissen, dass nicht nur die zum gemeinsamen Lesen Versammelten, sondern auch vor uns schon Menschen in ähnlichen Situationen ähnlich gedacht und empfunden haben, ist beruhigend und tröstlich. Es macht uns sicher in dem Gefühl, kleinere oder größere Traurigkeiten und Sehnsüchte aussprechen zu dürfen, und nicht allein mit ihnen zu sein.

Trostbücher

Manchmal ist ein einziger treffender Satz so etwas wie ein Rettungsanker, der uns vor dem Verzweifeln bewahrt. Oft ist ein solcher Satz oder mehrere davon das beste Geschenk, das man einem Menschen zukommen lassen kann. Wer sich selbst oder seine Lebenssituation als trostlos bezeichnet, erhofft immer auch eine Art Widerlegung, dass eben doch Trost möglich sei.

Selbst wenn wir nicht genau wissen können, was einen anderen bewegt, so ist allein die Geste, ihn mit einem Satz oder einem Buch zu beschenken, schon einmal ein kleiner Akt der Nächstenliebe.

Die Idee mit dem „Trostbuch" ist nicht neu, schon im Alten Testament ist die Rede vom „Trostbüchlein" des Propheten Jeremias. Damals wie heute haben Menschen Orientierung und Navigationshilfen gebraucht, die es ihnen ermöglichen, durch die kleineren und größeren Untiefen des Alltags zu steuern.

Man kann sich dieser Idee in kleinen Schritten annähern. Es bedarf keines Aufwands, eine Briefkarte oder einen Papierbogen zu nehmen, darauf zu schreiben, was einem gerade für den anderen durch den Kopf geht – eine Passage aus einem Roman, einen Aphorismus, ein passendes Zitat oder einen Trostgedanken – und es an einen Nächsten zu schicken. Er wird sich seinen Reim darauf machen, womöglich etwas ganz anderes dabei denken, als man beabsichtigte. Aber das ist zweitrangig, denn sein Kopf und Herz werden es schon so zu deuten wissen, wie er es gerade braucht. Entscheidend ist die Geste, die zum Ausdruck bringt, dass man an ihn gedacht hat. Ein kleines Ritual, das mit einer Briefmarke für 55 Cents einen Hauch von Trost erahnen lässt.

Was sonst könnte eine derart tröstende Wirkung ausstrahlen wie ein Buch, das im richtigen Augenblick zu uns kommt und uns nicht nur einen Augenblick von uns ablenkt, sondern uns im Gegenteil zu uns bringt? Allenfalls ein vertrauter Mensch. Besondere Erfahrungen bringt das gegenseitige Vorlesen. Die Fähigkeit eines guten Buches, sich vorlesen zu lassen und eine Gruppe um sich zu sammeln, ist ein heilsames Ritual, weil es den Sinn hat, das Bergende, das Tragende miteinander zu teilen. Es ist ein Heilmittel vor allem deshalb, weil es in die Sammlung statt in die Zerstreuung führt. Vor allem die Bücher, die älter sind als zwanzig Jahre und wiedergeben, was man damals gedacht und gefühlt hat. Daneben relativiert sich das, was heute gedacht und gefühlt wird, ziemlich rasch. Ganz besonders, wenn man ältere Bücher liest, in denen der Konsensus des mittleren Unglücks das „Normale" war, oder wenn man über die Angehörigen chronisch schwieriger Zeiten liest.

Das Vorlesen lockt zum Austausch, zur Begegnung. Für Menschen, um die herum es stumm geworden ist, kann es ein Weg sein, wieder in den Dialog einbezogen zu werden – über ein Buch. So kann ein gutes Buch zum Gefährten und zur Brücke zu anderen werden. Kurzum: Es kann ein Licht im Dunkel anzünden.

IX.
Persönliche Rituale

Manche sind selbst in schwierigen Situationen fähig, für sich selbst Orientierung und Trost zu finden. Sie entwickeln eigene Gestaltungen und Rituale, die ihnen Halt und Auffangnetze geben. Formen, Räume und Zeiten zu finden, die aus der Ohnmacht führen, ist der erste Schritt, um in schwierigen Zeiten wieder zum Gestalter seines Lebens zu werden. Dazu gehört auch, die passiven Neigungen zu ergänzen durch aktive. Also beispielsweise: nicht nur zu lesen, sondern auch einmal versuchen, selbst zu schreiben und der eigenen Phantasie Raum zu geben. Lesen ist eine wertvolle Sache, aber selbst Texte zu schreiben, verbessert nicht nur den Kontakt zur eigenen Innenwelt, es hilft auch Gestalt und Form zu finden – Eindruck in Ausdruck zu verwandeln. In die eigene Kraft gehen, bedeutet, die Haltung der Passivität und des Opferseins aufzugeben zugunsten einer aktiven Nutzung eigener Ressourcen.

Sich der Erde zuwenden

Auch wenn es in manchen Städten schwierig ist, eine Verbindung mit der Erde aufrecht zu erhalten, in Wirklichkeit ist die Erde überall und von ihr geht, wenn wir es empfinden können, ein Tragen, ein Ermöglichen aus. Oder wie der Geologe David Leveson meinte, „das für den Menschen zu wissen Nötige, was er ist und wo er hingehört". Letztlich ist es die Erde selbst, die uns diese Ausgewogenheit lehrt. Man ist mit der Erde verbunden, wenn man sich seinen Platz sucht – entweder auf einem Berg, einem Hügel, einer Waldlichtung, oder einem Park – und einfach still dort sitzt. Mit geöffneten Augen, einfach sitzen und schauen, zu jeder Jahreszeit, bei jedem Wetter und wahrnehmen, was geschieht. Dieses Ritual hört sich leicht an, es hat aber eine tiefe Wirkung. Einfach still, ohne Ablenkung auf der Erde zu sitzen und wahrnehmen, was einem so einfällt, das ist der erste Schritt in Richtung Aussöhnung und Aufgehobensein. Man kann dieses Ritual auch im Stehen – barfuß! – durchführen. Warum barfuß? Weil unsere Füße Antennen sind, die unsere Sinne schärfen, das Bewusstsein steigern und uns näher in Kontakt mit der Erde bringen. Dabei kann man sich vorstellen, ein Baum zu sein, der mit seinen Wurzeln tief in die Erde reicht, sich in seinem Stamm gerade aufrichtet und mit seinen Ästen und Zweigen in den Himmel ragt.

Dieses Ritual hat seine Wurzeln in der indianischen Kultur, die ihre Mitglieder ermutigt, sich der Erde immer dann zuzuwenden, wenn es im Leben eine Krise oder Leiden gibt. Was bewirkt dieses Erdritual? Durch die direkt empfundene unmittelbare Berührung mit dem Element, das uns trägt, gewinnen wir wieder einen „Standpunkt", Kraft, Stärke oder gar Heiterkeit. Unsere Seele füllt sich wieder auf. Wir erleben Bezogenheit, was mit dem Wort *religere* zusammenhängt, was sich rückbinden oder einbinden bedeutet und sich auf gewisse religiöse Praktiken bezog, durch die man an bestimmten Plätzen oder zu bestimmten Jahreszeiten eine Sicherheit gewährleisten wollte. Wir können nicht das Ganze erkennen, aber wir können beginnen, unsere Bezogenheit zur Erde aufrecht zu erhalten. Unsere kleine Welt wird weiter und unser Gehirn freut sich, denn das Lernen von der Erde erreicht uns durch die räumliche, empfindsame, gestaltschaffende rechte Hirnhälfte. Oder wie Conrad Aiken schrieb: „Die Landschaft und die Sprache sind dasselbe. Denn wir selbst sind Landschaft und sind Land."

Lebensbücher

Auch hier möchte ich an eine alte Kultur der „Lebensbücher" – der so genannten Hypomnémata der Antike – anknüpfen. Das waren Schreibhefte und Notizbücher, in die man alles eintrug, was einem wesentlich erschien: Gedanken, Zitate, Gesprächsfetzen, Gelesenes, Vorkommnisse, Widerfahrnisse, Bemerkenswertes und Überlegungen. Diese Lebensbücher waren so etwas wie das materielle Gedächtnis erlebter, gehörter, erfahrener und gedachter Lebensinhalte. Selbst verfasste Bücher, die man immer wieder in die Hand nehmen konnte, um nachzuschlagen, neu zu bedenken oder nochmals zu überdenken. Im Unterschied zu unseren Tagebüchern, in denen vorwiegend festgehalten wird, was ich tatsächlich fühle, – also Klärung und Selbstanalyse – geht es um die Dokumentation dessen, was mich im Leben weiterbrachte und weiterbringt.

Solch ein Lebensbuch kann gerade in schwierigen Zeiten ein wichtiger Begleiter sein. Nicht nur, weil es momentan hilft, Geistiges und Seelisches in eine Form zu bringen, sondern auch, weil man ein Buch hat, in dem man zurückblättern und damit den jetzigen Standort klären und einordnen kann. Die Erkenntnis, ich bin *geworden*, ich habe eine Geschichte, ich habe schon andere Krisen gemeistert, kann vielleicht zu einer Art Freiheit führen, in der ich freier, gelöster, humorvoller werde. Man kann in seinem Leben blättern: Was war damals? Wie habe ich die Krise damals überstanden? Was gab mir Zuversicht? Was bewahrte mich? Man bekommt ein Bewusstsein für den eigenen Weg, seine Stolperstellen, Höhen und Tiefen und damit auch einen Zugang zu dem Wissen über sich selbst. Mehrere solche „Lebensbücher" der Künstlerin Eva Aeppli waren im Tinguely-Museum Basel vor einiger Zeit ausgestellt. Eine wahre Fundgrube von Aufzeichnungen, Skizzen, Gedanken, Briefen und Materialien, aus denen man das Ringen um eine persönliche Form ablesen konnte. So wie sie sich selbst mit ihrem Leben konfrontierte, konnte man beim Studieren dieser Bücher miterleben, wie diese Künstlerin sich selbst Ausdruck verschaffte und ihrem Leben eine Gestalt gab.

„Schreiben heißt: sich selber lesen", schrieb Max Frisch. Und in diesem Sinn könnte das Schreiben eines solchen Lebensbuches ein Gespräch mit sich selbst eröffnen. Eine Botschaft an sich selbst über sich selbst, die einen nicht verstummen lässt.

Wer sich davon angesprochen fühlt, wird vielleicht fragen: Wie fange ich es an? Wie funktioniert das? Voraussetzung ist lediglich eine entspannte, offene Haltung, eine störungsfreie Zone und der Verzicht auf wertendes Beurteilen – ein Heft und ein Schreibwerkzeug – also nicht der Computer, weil er keinen individuellen Schreibfluss zulässt. Es gibt unzählige Ansätze, um schreibend ein Buch mit Leben zu füllen. Hauptsache, Sie drücken all das aus, was aus Ihnen heraus will, was Sie innerlich beschäftigt und belastet, auch Nebensächliches oder Unsinniges. Fühlen Sie sich frei, Ihre Form zu finden, indem Sie assoziative Texte schreiben, oder Geschichten, Biographisches, Selbstgespräche, Gedichte. Der Freiheit sind keine Grenzen gesetzt, solange Sie sich auf all das einlassen, was sich Ausdruck verschaffen möchte und Ihr Herz erleichtert.

Nicht abgeschickte Briefe

Jeder Briefschreiber weiß, dass es einen großen Unterschied macht, ob man einfach für sich schreibt oder an einen anderen Menschen. Man sucht nach den richtigen Worten, nach Verständlichkeit, Klarheit. Man bemüht sich um den angemessenen Ausdruck und versucht, eine Form zu finden, die den anderen einbezieht. Man geht auf ihn zu, stellt ihn sich vor, seine Sprache, sein Gesicht und tritt so aus der Einsamkeit heraus.

Solch ein Brief-Dialog entlastet, weil man seine Anliegen benennen, gestalten, formulieren und mit den Augen eines anderen prüfen kann. Indem ich Leidvolles, Belastendes aus mir herausschreibe, schaffe ich Distanz dazu. Ich spreche aus, was ich vielleicht schon immer hätte sagen wollen oder müssen und gebe Gefühlen Ausdruck, die bisher ungelöst blieben. Das verringert den seelischen Druck und lässt Blockierungen und gestaute Energien wieder in Fluss kommen. Die Suche nach dem rechten Ausdruck, dem passenden Wort führt zu Einsichten, Verständnis und Klärungsprozessen. Es ist der Zweck dieses Schreibrituals, dass man sich selbst gegenübertritt. Deswegen braucht es den Adressaten nicht mehr.

Wie könnte solch ein Brief-Ritual konkret aussehen? Man sucht sich jemanden aus, dem man seine Gefühle mitteilen möchte. Und bringt diese Gefühle nun in Briefform – z.B. „Lieber Vater / liebe Mutter, was ich dir schon immer sagen wollte ..." zum Ausdruck. Oder als Variante: man schreibt einen Brief an sich selbst, den man gern empfangen würde. Das heißt, man versetzt sich in die andere Person, von der man sich solch einen Brief erwünscht und schreibt aus ihrer Perspektive – sozusagen als korrigierende Erfahrung und Selbsttröstung. Über solche Briefe finden Bedürfnisse, Sehnsüchte und Wünsche eine Form. Sie sind benannt, gebannt und distanziert und in eine schöpferische Form gebracht worden. Sie sagen nicht nur, was man sagen kann und darf, sie greifen aus, nach dem, wonach wir uns sehnen. Sie trauen sich mehr zu sagen, als wir es uns normalerweise gestatten.

Tagebuch der trostlosen Stunden

Der Titel dieses Rituals mag vielleicht irreführend sein, als wolle ich dazu ermuntern, sich in der eigenen Misere zu „baden". Im Gegenteil, hier geht es um ein Stück „Selbstkultur", das heißt, um Einsicht in das, was nur mir gehört. Auch dieses Ritual hat Spuren, die weit zurückreichen. Im biblischen Trostpanorama wird diese Tradition einmal explizit im Buch des Propheten Ezechiel bezeugt als „Trost durch Einsicht".

Wie ließe sich dies für uns übersetzen? Es geht darum, dass wir eine Gestaltung finden, die uns erlaubt, uns selbst auf die Spur zu kommen. Jeder Lehrende weiß, dass das eigene Verständnis und seine Lücken am ehesten beim Schreiben zutage treten. Es soll einsichtig werden, wie und vor allem warum man immer wieder in alte Muster gerät, die Trostlosigkeit produzieren. Damit wird man sie zwar nicht automatisch los. Aber das Erfassen und Verstehen der eigenen oft unbewussten Reaktionsweisen ist ein erster Schritt in Richtung Bewusstwerdung. Mit der Bereitschaft, sich auf solch ein besonderes „Tagebuch der dunklen Stunden" einzulassen, bringe ich mich selbst zum Be- und zum Nachdenken. Ein Ritual, das weiterbringt, wenn kein Gegenüber da ist, das einem Resonanz und Korrektur gibt.

Ein solches Tagebuch ist mehr als nur eine sachliche Wiedergabe oder Aufzählung dessen, was man erlebt oder getan hat. Es ist ein Zeugnis mit „Tiefgang", in dem wir unseren Gefühlen und Empfindungen nachspüren, die unsere Erfahrungen begleiten. Es kommt nicht darauf an, ob alle Begebenheiten chronologisch genau aufgezeichnet werden, sondern es geht um das, was zwischen oder hinter den Zeilen zu lesen ist. Also um das, was beispielsweise hinter einer Enttäuschung, einer Traurigkeit steckt. Es ist erstaunlich, was bei dieser Art des Schreibens an zusätzlichen Einsichten über einen selbst zutage tritt. Zum Beispiel, dass hinter einem

Verlassenheitsgefühl eine mächtige Wut stecken kann, oder hinter einer Wut, die man bei einer Zurücksetzung spürte, eine tiefe Traurigkeit plötzlich ans Licht kommen kann.

Das Tagebuch der trostlosen Stunden könnte so aus einer Chronik der eigenen Gefühle zu einem Ritual der Selbsttröstung werden. Zumindest zwingt es einen zur Reflexion, zur Beurteilung, zur Struktur- und Formgebung und damit zu einem besseren Verständnis seiner selbst. Eine der Möglichkeiten, mit sich selbst vertraut und versöhnt zu werden. Kurzum: Sich selbst zum Gefährten zu werden.

Mit Pinsel und Farbe die Seele streicheln

Wie das Schreiben ist auch das Malen ein wirksames und phantasievolles Ritual, sich über schwierige Zeiten hinwegzuhelfen. Zumindest wirkt es nachhaltiger als all die Pillen, die einem die Ärzte sonst gern verschreiben. Es hat keine unerwünschten Nebenwirkungen. Nur die Phantasie und die Achtsamkeit werden ein wenig beansprucht, aber das ist auch gut so. Denn wenn man Pinsel und Farbe in die Hand nimmt, ist man nicht auf Erfahrung aus, man erfährt etwas. Man sucht kein Erlebnis, sondern erlebt etwas. Man ist nicht mehr allein, weil man seine Aufmerksamkeit bündelt und auf etwas ausrichtet, was einen frei macht vom Grübeln, Sorgen, Beabsichtigen, Verfolgen. Man könnte auch sagen: Man findet sich, weil man sich eine Zeitlang vergisst. Die Kunst, die Kinder und Künstler am besten verstehen, besteht darin, ganz selbstvergessen im Jetzt und Heute zu leben. In diesem Sinn kann Malen Spiel, Experiment, Gelassenheit und Selbstvergessenheit sein.

Das Wort „streicheln" deutet an, dass das Malen in den Bereich des Fühlens vordringt. Die Hände haben ein Gedächtnis und können das auf Papier oder Leinwand bringen, was aus uns heraus will, wenn man sie mit nicht-eingeschränkter Aufmerksamkeit wahrnehmen lässt, wie es um einen steht. Malen heißt sich selbst einholen, da sein, in die Gegenwart kommen.

Wie könnte solch ein Mal-Ritual nun konkret aussehen? Eine Möglichkeit wäre, den stillen Ort in sich selbst zu entdecken. Das Vorgehen ist einfach: Man nimmt ein weißes Blatt und Wasserfarben (oder Wachsmalkreiden) und zieht mit dem Pinsel unaufhörlich konzentrische Kreise mit einer ausgewählten Farbe, die sich um einen Mittelpunkt orientieren. Wenn man das Gefühl „genug" hat, dann wird es Zeit eine andere Farbe auszusuchen, mit dieser wird nun das Zentrum der Kreise ganz behutsam ausgefüllt. Eventuell werden noch Konturen oder Kontraste im Umfeld der anderen Farben gesetzt. Es gibt eine Erscheinung in der Natur, die einen vielleicht inspirieren könnte. Im Zentrum von Wirbelstürmen befindet sich eine Zone fast völliger Ruhe, das sogenannte „Auge". So gilt bei diesem Ritual, das eigene innere „Auge" zu entdecken.

Schön wäre es, wenn man Freunde oder eine Gruppe hätte, mit denen man sein Bild zusammen anschauen könnte, um im Gespräch herauszufinden, was die Farbwahl und die entstandenen Formen über das momentane Lebensgefühl aussagen. Allein ist das nicht so einfach, aber es gibt eine schöne Möglichkeit, mit sich selbst in einen Dialog einzutreten. Man betrachtet sein Werk und schreibt ein Gedicht, ein Haiku oder einen Text dazu. Diese Überschreitung in ein anderes Medium ist eine wertvolle Vertiefung, um mehr zu erfahren, als man über ein Bild über sich wissen kann.

Eine Variante dieses „Auge des Sturms" wäre eine Phantasiereise mit den Wachsmalkreiden zum Thema „Mein Baum". Man stellt sich seinen Baum vor (entweder einen Phantasiebaum oder einen realen) und betrachtet ihn in allen Einzelheiten: den Stamm, die Krone, die Äste, die Zweige, die Blätter, den Wuchs und malt ihn anschließend. Dann richtet man seine Aufmerksamkeit unter die Erde: Wie der Baum im Boden Halt findet, wie seine Wurzeln aussehen, wie sie Nahrung aufnehmen und wie die Nährkräfte nach oben steigen bis in die äußersten Blätter. Diesen Nährkreislauf markiert man nun im Baum mit Farben, die das Nährende charakterisieren. Es macht den Baum lebendig, widerstandsfähig und stark.

Wenn das Bild beendet ist, konzentriert man sich anhand des Bildes intensiv auf sich selbst: Was macht mich lebendig und stark? Die Antworten, die aufkommen, und was einem noch dazu einfällt, kann man auch schriftlich festhalten, damit sie nicht so rasch verloren gehen. Der Baum als Symbol für die eigene Person gibt Zuversicht und Vertrauen, ähnlich lebendig und stark den aktuellen Traurigkeiten und Belastungen gewachsen zu sein. Man kann sich in diese Baumwelt hineinversetzen, um sich stimmungsmäßig aufzufangen, zu erweitern und zu stärken.

Um diese Erfahrung zu vertiefen, kann man einmal versuchen, mit geschlossenen Augen, meditativ zu malen. Menschen, die das praktizieren, berichten immer wieder davon, dass dieser nach innen gerichtete Blick sie tief eintauchen lässt in innere Bilder. Eine Frau, die dies erlebte, sagt: „Während ich meditativ malte, war es, als hätte mir jemand die Hand auf die Stirn gelegt."

Die Seele baumeln lassen

Ein alter Berliner Trostspruch rät: „Jibt dir das Leben einen Puff, da weene keene Träne. Lach dir'n Ast und setz dir druff un baumle mit de Beene".

Warum nicht das Zwerchfell ein bisschen beanspruchen, wenn die Zeiten ernst und schwer werden? Erst seit die medizinische Forschung ernsthaft die Wirkungsweise des Humors erforscht hat, setzt sich so langsam die Einsicht durch, dass Humor ein höchst effizienter Tröster sein kann.

Einmal herzhaft lachen, und man bekommt wieder rote Backen. Das wissen wir eigentlich schon lange. Nur gerät dieses Wissen immer wieder in Vergessenheit. Zum Glück gibt es unzählige Belege. Norman Cousins' Bestseller „Der Arzt in uns selbst" ist nur ein Beispiel, wie man durch tägliches Lachen sogar von einer hoffnungslosen Krankheit genesen kann.

Lachen weckt die Lebensgeister, stärkt das Immunsystem, verbessert die Blutfettwerte – also eine geradezu geniale Leibesübung, wenn die Gedanken grau kriechen. Man wird stärker, wenn man herzhaft lachen kann – vor allem über sich selbst. Wer noch über sich selbst lachen kann, geht nämlich in die Distanz zu den Konfusionen und Missgeschicken, die einem Tag für Tag begegnen, von denen wir nicht wissen, was wir davon zu halten haben. Wer über sich lachen kann, ist innerlich frei, zumindest sieht er nicht mehr alles so eng, weil er in der Lage ist, das Wesentliche vom Unwesentlichen zu unterscheiden.

Humor – wie übrigens auch Religion – relativiert die großen und kleinen Kümmernisse. Wer Talent zum Humor hat, versteht es, sich darüber hinwegzutrösten, was sich ohnehin nicht ändern lässt. Es gibt ein einfaches Verfahren – per Vergleich. Also im Vergleich zu dem, was anderen passiert oder was alles so passieren könnte, geht es mir ja noch bestens.

Das ist eine der magischen Formeln, die sofortige Wirkung zeigen.

Oder wie wäre es mit einer Dosis Wilhelm Busch? Der hilft immer. Prüfen Sie selbst:

Selbsterkenntnis

„Früher, da ich unerfahren
Und bescheidener als heute,
Hatten meine höchste Achtung
Andre Leute.

Später traf ich auf der Weide
Außer mir noch andre Kälber,
Und nun schätz ich, sozusagen,
Erst mich selber.

Vielleicht bekommen Sie jetzt eine Ahnung davon, dass Wilhelm Busch in homöopathischen Dosen sogar besser wirkt als jede Chemie. Jedenfalls ist es tröstlich zu wissen, wie Busch so scharfsinnig beobachtet hat, dass man auf der großen Weide nicht das einzige Rindvieh ist. Für den Fall, dass Sie Wilhelm Busch neugierig gemacht hat, füge ich noch eine Kostprobe hinzu:

Ein guter Freund

Da kommt mir eben so ein Freund
Mit einem großen Zwicker.
Ei, ruft er, Freundchen, wie mir scheint,
Sie werden immer dicker.

Jaja, man weiß oft selbst nicht wie,
So kommt man in die Jahre;
Pardon, mein Schatz, hier haben Sie
Schon eins, zwei graue Haare!

Hinaus, verdammter Kritikus,
Sonst schmeiß ich dich in Scherben.
Du Schlingel willst mir den Genuss
Der Gegenwart verderben!

Wie unklug es ist, andere zu kritisieren, solche Erkenntnis-
schübe verdanken wir Busch. Man kann schon froh sein,
wenn man einigermaßen ungeschoren wegkommt. Aber was
würden wir anstellen, wenn es nicht solche Gedichte gäbe?
Wenn wir all das, was andere so charmant in Worte gefasst
haben, selbst erfinden müssten? „Etwas ist immer", sagt Kurt
Tucholsky, „Tröste dich. Jedes Glück hat einen Stich." Oder
auch Erich Kästners „Etwas fehlt immer". In nur drei Worten
hat er das Geheimnis der Lebenskunst eingefangen. Was wären wir ohne diese Sätze, die für uns gedacht wurden, dass
wir begreifen, wie Erich Fried es so treffend formulierte: „Es
ist, wie es ist."

Man kann sich von solchen Versen verzaubern lassen,
aber es gibt neben diesen Juwelen auch den direkten Weg,
wieder ins Lachen zu kommen. Man braucht nicht einmal
auf etwas Lustiges zu warten. Sieht man sein alltägliches Tun
hin und wieder wie in einem Film, aus der Sicht einer ver-
steckten Kamera oder aus der Perspektive des analysieren-
den Geschichtsforschers, so gibt es genügend Gründe, sich
zu amüsieren oder zumindest zu lächeln. Wer sich selbst aus
der Perspektive von oben, von der Seite oder eben aus der
Sicht des Historikers betrachten kann, dem fällt vieles leichter, weil sich plötzlich alles relativiert. Von da aus hat man bekanntlich den besseren Überblick. Und das ist die vielleicht
eleganteste Form der Überlegenheit.

Wirklich arm dran ist nur, wer nicht mehr lachen kann. Denn
selbst, wenn sich einmal die Gelegenheit dazu ergeben sollte – der Betreffende würde es nicht einmal merken und weiter so ernst dreinschauen wie bisher. So wie der Tiger im Zoo,
den man einzusperren vergaß. Statt auszubrechen und sich

wie ein Tiger zu benehmen, blieb er ruhig liegen und wartete auf seine Mittagsmahlzeit.

Es ist sicher nicht leicht, sich von den Zwängen und Lasten des Alltags zu befreien. Aber oft hat man die Wahl, ob man gute Miene zum bösen Spiel macht, oder ob man zumindest darüber nachdenkt, dass man es sich auch aussuchen kann, ob man sich nicht hin und wieder einmal selbst tröstet und herzhaft lacht.

Über sich selbst und die Widersprüchlichkeiten und Widerfahrnisse des Lebens zu lachen, auch zusammen mit anderen, ist eine kostenfreie, leicht erhältliche und drogenfreie Art, seelischen Ballast abzubauen. Mit Sicherheit bringt sie mehr Lebendigkeit ins Leben, und wahrscheinlich verlängert sie auch das Leben selbst.

Den Überblick behalten

Kurt Tucholsky soll einmal gesagt haben, dass reines Glück ebenso wenig genießbar wäre wie hundertprozentiger Alkohol. Leider vergisst man immer wieder, dass es auch nicht das pure Unglück gibt, oder, wie die Italiener sagen, „dass nicht alles Unglück kommt, um uns zu schaden". Meist hat selbst das Unangenehme noch sein Gutes, wenn man sich auf die Kunst versteht, auch das Erfreuliche und das, wofür man dankbar sein könnte, noch im Blick zu behalten. Denn es gibt immer etwas, wofür man „Danke" sagen kann, selbst in Zeiten, in denen einem vieles die Existenz geradezu verleidet. So sagt Max Frisch: „Jeder Mensch erfindet sich früher oder später eine Geschichte, die er für sein Leben hält ...".

Wenn wir unter einer bestimmten Perspektive die eigene Situation ansehen, können ganz andere Aspekte zum Vorschein kommen. Statt den Blick auf das Belastende, Schwere zu richten, gibt es ein einfaches Ritual, das sich auf die Frage zentriert: Wofür bin ich dankbar? Was erfreut mich? Was gibt es noch an Gutem? Man legt sich einen Papierkasten mit DIN-A4-Blättern an, die man immer zur Hand hat. Wenn die Wellen über einem zusammenschlagen, oder wenn einen der November-Blues erwischt hat und man niemanden findet, bei dem man sich Aussprache oder Stärkung holen kann, dann schreibt man sich all das auf einem Blatt Papier von der Seele, wofür man dankbar ist und worüber man sich noch freuen kann.

In der Regel kommen ganz andere Aspekte der Situation plötzlich zum Vorschein. Aspekte, die einem als ganz normal erschienen, die man für selbstverständlich hielt, die man übersehen, vergessen oder unterschätzt hatte. Man findet eine neue Geschichte über sich vor oder nimmt erst richtig wahr, dass die jetzige Situation auch andere als nur dunkle Gesichter hat.

Ein solcher Wechsel der Perspektive führt fast immer zu Ausblicken oder Auswegen, die man vorher nicht vermutet hätte. Schon Archimedes kam darauf. Als er sein Problem mit der Krone nicht zu lösen vermochte, ging er einfach ins nächste Bad, und „Heureka" kam ihm der rettende Gedanke. Jedenfalls ist dieses schlichte Ritual, wenn man es sich zur Angewohnheit macht, sehr wirksam, weil sich alles, was einen eben noch plagte und drückte, plötzlich relativiert und dadurch seine Übermacht verliert. Es hilft nämlich, die Lage, der man sich ausgeliefert fühlte, von der Seite oder von oben zu betrachten. Und das schafft ja bekanntlich den besseren Überblick.

Selbst wenn auf diesem Blatt nur steht, wie bei einer Klientin: „Ich lebe noch, mir schmeckt immer noch ein vernünftiges Birchermüsli, ich bin Schweizerin, ich habe nur ab und zu Migräne."

Indem man sich erinnert, wofür man dankbar sein kann, wird es gegenwärtiger und bedeutsamer. So als würde man es einem besten Freund erzählen, wodurch die Freude noch verstärkt und bestätigt wird. Wenn man erst einmal gelernt hat, dass nichts selbstverständlich ist, nicht einmal die Abwesenheit von Kopfschmerzen, Zeckenbissen, Liebeskummer oder Autopannen, dann erscheint einem plötzlich all das, was Kummer bereitet, zumindest relativ oder gar in einem neuen Licht. Jedenfalls weitet sich der Blickwinkel, und es fallen einem vielleicht sogar neue Möglichkeiten ein, an die man bisher noch nicht gedacht hat.

Ich gebe zu, es ist nicht ganz leicht, diese Perspektive einzunehmen. Doch mit etwas Übung, Willen und Phantasie – auch in den guten Zeiten ist dieses Ritual hochwirksam – lässt sich stets das wahrnehmen, wofür man allen Grund hätte, dankbar zu sein.

X.
Trösten als Lebenskunst

Menschen Ermutigung, Unterstützung, Trost zu geben – um ihres Menschseins willen – darum ging es in diesem Buch. Gegenwärtig zeigt sich ein Wandel an. Das Pendel zwischen Selbstverwirklichung, Selbstpflege und Zugehörigkeit, Beziehungsverantwortung schwingt derzeit in Richtung Gemeinschaft und Zusammenhalt. Angesichts der Mobilität, des raschen Wandels der Normen, der Heimatlosigkeit und Zerrissenheit unserer Zeit geht es heute eher darum, den Bedürfnissen nach Zugehörigkeit, Zusammenhalt, Unterstützung wieder zu ihrem Recht zu verhelfen. Rücksichtsloser Kult des Ego strapaziert das soziale Gefüge und Wegwerfbeziehungen hungern die Seele aus. Keiner ist sich selbst genug, um Glück und seelische Gesundheit zu gewinnen. Selbstvertrauen und Geborgenheit bedürfen der Hinwendung zur Welt der Mitmenschen, der Freundschaft, der Familie, denn miteinander sind wir stärker.

Trost ist gegenwärtig zu einem raren Gut geworden und zeigt erst bei seiner Entbehrung seine volle Bedeutung als zentrale Größe seelischer Gesundheit. Menschen wollen ihre Bedürfnisse nach Vertrauen, Verlässlichkeit und Zugehörigkeit leben. Heute mehr denn je. Das lässt sich auch daran ablesen, dass es um das in den 70er Jahren propagierte Schlagwort „Selbstverwirklichung" merkwürdig still geworden ist. So gesehen könnte das Beispringen, Hinwenden, Beruhigen, Trostspenden keine Behinderung der Selbstentfaltung und Selbstverwirklichung, sondern ihre Erfüllung im umfassenderen Sinn sein.

In der Antike stand der gespendete Trost und nicht der emotionale Ausdruck von Trauer, die Katharsis, im Zentrum des Umgangs mit Belastungen. Aus Senecas Trostschrift für Marcia geht hervor, dass anhaltende, ausdrucksintensive Trauer und Gram wenig nützlich sind, damit Menschen wieder ihre Fassung gewinnen. Auch die neuere Forschung relativiert die therapeutische Ausrichtung, die den Ausdruck von Trauer,

Schmerz und Leid in den Vordergrund stellt. Aus der Arbeit mit Traumapatienten stammt die Erkenntnis, dass die Konfrontation, das Durcharbeiten und Verharren im Schmerz wegen der Retraumatisierungsgefahr problematisch ist. Hingegen wird Stützung, Beruhigung und Trost als wesentlicher, nährender und stärkender eingeschätzt. Der Psychotherapeut Hilarion Petzold bestätigt dies: „Diesen Maßnahmen ist der Vorzug zu geben, weil sie in der Regel vollauf reichen."

Für Beziehungen zwischen Nahestehenden oder Betroffenen einer Krise kann der Trost eine Chance sein, einander näher zu kommen und einander glaubhaft zu ermutigen. Wohl erst in der Krise erreicht eine Beziehung zwischen Menschen ihre höchste Kraft. Hier zeigt sich ihre Stärke, Beständigkeit und Loyalität. Um mit Goethe zu sprechen: „Man kann nur den lieben, als den, dessen Gegenwart man sicher ist, wenn man seiner bedarf." Es ist wohl so, dass man erst in der Not wirklich erkennen kann, wer einem wirklich nahe steht, auf wen man zählen oder bauen kann. Umso schöner, wenn es jemanden gibt, der sich auf die Kunst der aufmerksamen Augen und der warmen Hände versteht: Kann ich etwas für dich tun? Ich bin für dich da.

Solange die Welt voller Versprechen ist, also in guten Zeiten, vergessen viele, wie das geht: Einander trösten. Sobald es eine Durststrecke zu bewältigen gilt, finden sie sich unvorbereitet, werden wortkarg. Was sie lange nicht benötigt haben, fehlt nun schmerzlich: der Mut, sich anzuvertrauen und seelische Unterstützung einzuladen. Im Zulauf, den neue Religionen, Sekten, Psychogruppen erleben, ist zu erkennen, wie hoffnungslos der Mangel an Beistand, Anteilnahme und Trost macht. Untersuchungen, die die Faszination solcher Gruppierungen erforschten, belegen: Nicht die ideologischen Glaubensinhalte ziehen die Menschen an, sondern das implizite Versprechen, in der Gemeinschaft Nähe, Geborgenheit und Aufgehobensein zu finden.

Die von John Donne proklamierte Sentenz „Kein Mensch ist eine Insel", die nun mit einer Fülle von empirischem Material belegt wurde, zeigt wie elementar dieses Bedürfnis nach Trost ist, das ich übersetze: geborgen im Vertrauen zu leben, das uns gilt, und das wir mit vollen Händen an andere weitergeben. Wenn wir uns bewusst machen, dass unser Bedürfnis nach Beistand, Trost und Ermutigung genauso lebenserhaltend ist wie das nach Nahrung, Sexualität und Sicherheit, dann widmen wir ihm vielleicht wieder mehr Achtsamkeit.

Es lohnt sich, Trost zu verschenken, wenn dabei menschliche Wärme entsteht: Zeit, Zuwendung, Geduld, Achtsamkeit. Das geht nur, wenn wir nahe beieinander bleiben, oder „zusammenhalten", wie die Kinder es nennen. Damit komme ich auf den Ausgangspunkt: Wir werden weicher und menschlicher, wenn uns andere Menschen am Herzen liegen und wir ihnen. Einander Trost schenken, das verwandelt nicht nur die anderen, sondern man verwandelt sich auch selbst. Das war Sinn des Trostpanoramas, das aufzeigte, welche Übungen im Land des Trostes auf uns warten: Da-Sein, Dabei-Sein, Bei-Stand, Beieinander-Sein, Zu-Wendung, Zu-Spruch, Zu-Versicht. Was wir dafür zurückbekommen, ist immateriell, ohne merkantilen Wert und gerade deshalb so kostbar, weil es uns nicht reicher, sondern bereichert und besser macht. Trost und Trösten ist ein inneres Vermögen, das die emotionale und seelische Lebensqualität sichert, das aber eben nicht durch Horten und Mehren, sondern durch Geben wächst. Oder genauer gesagt: durch Formen und Gestaltungen aus dem Geist des Gebens.

In diesem Sinn tritt er in den Reigen der Lebenskünste – der Trost, den wir frei verschenken, ohne rechenbaren Nutzen. Er ist immer möglich – eine Geste oder ein Satz, im passenden Moment an jemanden gerichtet, der genau diesen Satz braucht. Das ist Lebenskunst, die mitunter mehr wiegt als ein monumentales Kunstwerk, das irgendwo in einem Museum hängt. Ich denke dabei an den Satz des spanischen Cellisten Pablo Casals: „Für mich ist das Leben eines einzigen Kindes mehr wert als alle meine Musik."

Trost stärkt, wie jede Lebenskunst, unseren Glauben daran, dass wir uns aufeinander verlassen können, dass es Zuverlässigkeit gibt und dass wir einander stärken können. Dass es ein gutes Leben geben kann. Und das Zuverlässigste, was ich über den Trost sagen kann: Jeder braucht ihn. Oft genug muss dieses Glück, dass es jemanden gibt, der da ist, schweren Zeiten abgetrotzt werden. Aber wenn man wissen will, was Trost wert ist, so braucht man sich bloß vorzustellen, man wäre völlig auf sich selbst gestellt – und erleben, wie der Boden unter den Füßen brüchig wird.

Trost ist und war schon immer ein Lebenselixier. Die großen Kunstwerke und Trosttexte zeugen davon. Aber man muss tatsächlich in sie hineinwachsen, wie etwa in Dietrich Bonhoeffers (1906–1945) Liedvers „Von guten Mächten". Ich möchte ihn an den Schluss stellen, weil diese Strophe fast so wie ein Schutzengel mein ganzes Leben begleitet hat. Wie auch andere Trostschriften entstand sie in einer Gefängniszelle, bangend zwischen der Furcht, sterben zu müssen und der Hoffnung, doch noch frei zu kommen.

Von guten Mächten wunderbar geborgen
Erwarten wir *getrost*, was kommen mag.
Gott ist mit uns am Abend und am Morgen
Und ganz gewiss an jedem neuen Tag.

Literatur

Aurel, M., Wege zu sich selbst. Hg. und Übers. R. Nickel. München, Zürich 1992

Bahr, H.-E., Alleinsein. Ich höre auf das Leise. Stuttgart, Zürich 1989

Borysenko, J., Inner peace for busy people. 52 simple strategies for transforming your life. Carlsbad, Sydney 2001

Bowen, D. E., Strickler, S. L., Trösten, wenn die Worte fehlen. Trauernde in ihrem Schmerz begleiten. Wuppertal 2005

Clark, C., Misery and company. Sympathy in everyday life. Chicago, London 1997

Dass, R., Gorman, P., How can I help? Stories and reflections in service. New York 1985

Desalvo, L., Writing as a way of healing. How telling our stories transforms our lives. Boston 1999

Grün, A., Selbstwert entwickeln, Ohnmacht meistern. Spirituelle Wege zum inneren Raum. Stuttgart, Zürich 1998

Guilmartin, N., Healing conversations. What to say when you don't know what to say. San Francisco 2002

Hohler, A. E., Hoffnung am Abgrund. Versuche der Ohnmacht zu widerstehen. Zürich 1985

Köhler, H., Vom Ursprung der Sehnsucht. Die Heilkraft von Kreativität und Zärtlichkeit. Stuttgart 2001

Lachapelle, D., Weisheit der Erde. Das Grundwerk der Tiefenökologie. Silverton 1978

Langenhorst, G., Trösten lernen? Profil, Geschichte und Praxis von Trost als diakonischer Lehr- und Lernprozess. Ostfildern 2000

Langer, E. J., On becoming an artist. Reinventing yourself through mindful creativity. New York 2005

O'Brien, F., Trost und Rat. Übers. H. Rowohlt. Zürich 2003

Petzold, H., Orth, I., Sinn, Sinnerfahrung, Lebenssinn in Psychologie und Psychotherapie. Bd. 1+2. Bielefeld, Locarno 2005

Schirrmacher, F., Minimum. München 2006

Schmitz, H., Leib und Gefühl. Materialien zu einer philosophischen Therapeutik. Paderborn 1989

Singer, P., Wie sollen wir leben? Ethik in einer egoistischen Zeit. München 1999

Steffensky, F., Schwarzbrot-Spiritualität. Stuttgart 2006

Tarr, I., Besser als Schokolade. Anregungen zur Lebenslust. Freiburg 2005

Tarr Krüger, I., Vom leichten Glück der einfachen Dinge. Freiburg 1998

Tournier, P., Geborgenheit – Sehnsucht des Menschen. Freiburg 1975

Wiederkehr, K., Lieben ist schöner als siegen. Verrat und Versöhnung bei Paaren. München, Zürich 2005